WIRF DEINE ANGEL
AUS IN DIE STILLE
WAS FÄNGST DU?

DORIS BEWERNITZ

DAS GEHEIMNIS DER LANGSAMKEIT

Vom Trödeln, Träumen, Mutigsein

Patmos Verlag

VERLAGSGRUPPE PATMOS

**PATMOS
ESCHBACH
GRÜNEWALD
THORBECKE
SCHWABEN
VER SACRUM**

Die Verlagsgruppe
mit Sinn für das Leben

Für die Verlagsgruppe Patmos ist Nachhaltigkeit ein wichtiger Maßstab ihres Handelns. Wir achten daher auf den Einsatz umweltschonender Ressourcen und Materialien.

Alle Rechte vorbehalten
© 2018 Patmos Verlag,
ein Unternehmen der Verlagsgruppe Patmos
in der Schwabenverlag AG, Ostfildern
www.patmos.de

Umschlaggestaltung: Finken und Bumiller, Stuttgart
Umschlagabbildung und alle Abbildungen im Innenteil: SchottiU / shutterstock.com
Gestaltung, Satz und Repro: Schwabenverlag AG, Ostfildern
Druck: GGP Media GmbH, Pößneck
Hergestellt in Deutschland
ISBN 978-3-8436-1046-9

Inhalt

DIE STOPPTASTE 7

DIE AMSEL 12

WILLI 16

DER ZAUBERGARTEN 20

ERICH 26

DIE SCHUHE 35

UNTERBRICH DICH 39

SAND 40

DIE ORGEL 49

DIE HIMMLISCHE BIBLIOTHEK 52

ZUCKERKUCHEN 58

WAS BRAUCHST DU? 64

DIE ENDHALTESTELLE 65

BACKPFLAUMENSUPPE 72

DIE BANK 74

DIE ENTDECKUNG 80

DER ELEFANTENMALER 86

WENN NICHTS MEHR GEHT 92

BRACHZEIT 93

KARTOFFELWEISHEIT 98

DIE NACHT MIT BULGAKOW 102

EINSTEINS UHR   107

WINTERSCHLAF   114

EIN BLICK AUS DEM FENSTER   115

DIE KIRSCHE   122

EDELSTEINE   129

DIE GRENZE   133

MEINE KLEINE ZEIT   138

DIE LICHTUNG   139

NACH HAUSE   143

ZUFRIEDENHEIT   149

WARTEN   156

LASS LOS   161

DAS EICHHÖRNCHEN   162

DER WETTKAMPF   165

SONNTAGSTRÄUMEREI   168

ERDBEWOHNER   172

DIE ENTEN   174

ALLE ZEIT   176

ALTE DINGE   177

DAS SCHATZKÄSTCHEN   181

ZAUBERSTAUB   184

ALLE ZEIT DER WELT   188

URLAUB   190

DANK   196

ZUR AUTORIN   197

Die Stopptaste

Manchmal möchte ich die Zeit anhalten. Wenn der Stress überhandnimmt. Wenn alles zu schnell geht, ich nicht mehr weiß, was ich zuerst machen soll. Wenn ich mich verloren habe zwischen all meinen Terminen. Dabei mache ich diese Termine selbst. Und warum? Weil ich so viel will. Bücher schreiben, den Garten gestalten, Menschen treffen, Neues lernen. Ich bin gierig aufs Leben. Ich vergesse immer wieder, dass meine Kraft begrenzt ist.

Dabei müsste ich es besser wissen. Mit fast sechzig ist mir die Dringlichkeit, mein Leben zu entstressen, klar. Käme die berühmte Fee vorbei und ich hätte einen Wunsch frei, ich würde mir Ruhe wünschen. Doch Feen sind selten. Ich muss das Problem wohl selbst angehen. Ich weiß, dass Stress Gift für mich ist. Dass ich davon krank werde. Ich weiß auch sicher, dass ich dem Stress nicht entgehe, indem ich mich noch mehr anstrenge. Jeden Morgen schaue ich auf meine To-do-Listen und bekomme Herzrasen. Jeden Tag versuche ich wenigstens das zu erledigen, was am dringendsten ist. Abends stelle ich fest, dass ich nur einen Bruchteil davon geschafft habe. Wie durch Zauberei wachsen die Aufgaben nach. Sich noch mehr zu hetzen ist folglich nicht die Lösung. Die Ruhe, die ich suche, kommt ganz bestimmt nicht zustande, wenn ich endlich alles abgearbeitet habe.

Doch wodurch kommt sie zustande? Ich wusste das doch mal. Warum entscheide ich mich immer wieder für den Stress? Warum entscheide ich mich immer wieder gegen die Ruhe? Es ist doch meine Entscheidung, allein meine!

Ich vermute, es hat etwas mit Training zu tun. Das Funktionieren, mich beeilen, durchhalten, habe ich tausende Male trainiert. Folglich kann ich es. Anhalten jedoch, langsam sein, Pausen machen, bei mir sein, all das habe ich nicht annähernd so oft geübt. Das wäre nun aber mal dran. Doch wie? Wodurch kommt Ruhe zustande? Wie kann ich langsamer werden?

Mit diesen Fragen stand ich heute Morgen in der Bahn. Ich hatte verschlafen und mich abgehetzt. Ich hatte einen Arzttermin, und es war klar, dass ich zu spät kommen würde. Ich versuchte mich zu beruhigen, sagte mir, dass die Welt nicht untergeht, wenn man zu spät kommt. Sofort musste ich an das aktuelle Manuskript denken. Ich hatte noch eine Woche bis zur Abgabe. Es fehlten noch fünfzig Seiten. Das war unmöglich zu schaffen. Den Garten musste ich auch gießen. War genug Wasser in den Regentonnen? Fürs Wochenende sollte ich Geburtstagsgeschenke kaufen. Dann fiel mir siedend heiß ein, dass ich bis zum nächsten Morgen den Essay abgeben musste. Ich hatte das zugesagt, doch ich kam nicht ins Thema rein. Und was sollte ich mit dem Buchauftrag machen? Annehmen? Ablehnen? Die Agentur wollte gestern eine Antwort. Ein Jahr würde ich für das Buch brauchen. Wollte ich das? Schaffte ich das? Und wenn nicht – konnte ich es mir leisten abzusagen?

Da klingelte mein Handy. Es war eine Freundin, die mein Ohr brauchte, weil es ihr schlecht ging.

Die Bahn raste. Sie war rappelvoll. Ich stand direkt an der Tür. Es roch nach feuchten Mänteln. Neben mir standen drei Kinderwagen. Zwei der Kinder schrien. Ich presste mein Handy ans Ohr, trotzdem verstand ich meine Freundin kaum.

Mein Blick fiel auf den viereckigen grünen Halteknopf neben der Tür. Auf den man drücken muss, wenn man an der nächsten Station aussteigen will.

Wodurch kommt Ruhe zustande?

Durch eine Entscheidung.

Ich sagte meiner Freundin, dass ich jetzt nicht telefonieren könne. Dass ich sie zurückrufen würde. Ich legte auf. Hob die Hand. Drückte auf die Stopptaste. Am nächsten Bahnhof hielt die Bahn. Die Tür öffnete sich. Ich stieg aus. Schaute der davonfahrenden Bahn hinterher. Stand auf dem Bahnsteig und atmete durch.

Dann griff ich zum Telefon. Zuerst sagte ich den Arzttermin ab. Dann rief ich den Verleger an und teilte ihm mit, dass ich den Essay erst eine Woche später liefern könne. Dann die Agentur. Ich könne die Buch-Entscheidung jetzt leider nicht fällen, erst in zehn Tagen. Was mich überraschte: Niemand regte sich auf. Kein Mensch schrie mich an. Die Leute akzeptierten, was ich sagte. Sie waren sogar freundlich.

Langsam ging ich die Treppe hinunter und dann zu Fuß nach Hause. Unterwegs rief ich meine Freundin an. Sagte ihr, dass ich nun Zeit für sie hätte. Wir redeten ein bisschen und beschlossen, uns abends zu treffen.

Wodurch kommt Ruhe zustande? Durch eine Entscheidung. Heute habe ich es getan. Für den Rest des Tages war ich langsam. Ich saß am Fenster und schaute hinaus. Ich freute mich am Nachmittagslicht. An den fliegenden Wolken. Am Eichhörnchen in der Robinie. Ich sah mein schlechtes Gewissen auftauchen, betrachtete es, befand es für unnötig und ließ es mit den Wolken vorüberziehen.

Vor allem dachte ich über die Stopptaste nach. Wie schwer es doch ist, der Eile zu entkommen. Es hatte mich Mut gekostet, die Anrufe zu machen, nachdem ich aus der Bahn gestiegen war. Gehörte Mut dazu, langsamer zu werden? War es Verzicht, weil man dann weniger schaffte? Oder war es kein Verzicht, weil man die Dinge, die einem wichtig waren, dann liebevoller und sorgfältiger machen konnte? Was würde eigentlich passieren, wenn ich mich der Eile nicht mehr unterwarf? Dass es auch anders ging, hatte ich schon erfahren. Es hatte ruhige Zeiten in meinem Leben gegeben. Momente der Balance, in denen der Stress fern und ich ganz bei mir gewesen war.

Vielleicht sollte ich mir genau diese Momente einmal ins Gedächtnis rufen. Mich an sie erinnern. Käme ich so dem Geheimnis der Langsamkeit näher?

Abends, auf dem Weg zu meiner Freundin, kaufte ich zwei Blumensträuße. Einen für sie und einen für mich. Rosen und Freesien. Meinen stellte ich, als ich wieder zu Hause war, auf den Tisch, mitten ins Zimmer. Er soll mich daran erinnern, dass ich Entscheidungen fällen darf. Dass ich mich jederzeit unterbrechen und zu mir kommen darf.

Heute habe ich es getan. Ich habe die Stopptaste gedrückt. Eine gute Sache, so eine Stopptaste.

Die Amsel

Ein heißer Julimorgen. Ich sitze am Gartentisch, trinke Kaffee und schaue auf die Blütenpracht. Schon hat die Sonne den Tau von Rosen und Glockenblumen geleckt. Von Weitem leuchten die Kürbisblüten hinter dem lila Hibiskus. Die ersten Pfirsiche haben rote Wangen.

Mir steht der Schweiß auf der Stirn. Dass es um kurz vor neun schon so heiß sein kann! Es nützt nichts, ich muss mich meinem Tagwerk widmen. Neben der Kaffeetasse liegen etliche Zettel, auf denen will ich notieren, was zu tun ist. Daneben liegt der Kalender. Ich schiebe die Zettel hin und her. Versuche, die Aufgaben sinnvoll zu verknüpfen. Es gelingt mir nicht. Außerdem ist es zu heiß. Am liebsten würde ich mich gleich wieder hinlegen. Oder einfach diesen duftenden Morgen genießen. Da wohne ich schon im Grünen und habe nichts vom tollen Sommerwetter als Zettel und Termine …

Mein Blick gleitet über den Tisch in den Garten. Da sehe ich sie. Eine Amsel im Schatten der Thuja. Reglos sitzt sie auf dem selbst gezimmerten Kindertisch, den orangen Schnabel geöffnet, die Flügel leicht nach außen gespreizt. Sie scheint zu meditieren. Amsel müsste man sein. Keine Ziele, keine Termine, keinen Kalender, keine Listen.

Ich wende mich meinen Zetteln zu, lese sie einzeln, überlege, was davon ich verschieben kann. Es lässt sich nichts mehr verschieben. Alles scheint gleich wichtig. Wann soll ich das bloß machen?

Neidisch sehe ich zur Amsel. Sicher, auch sie muss irgendwann essen, trinken und sich einen Schlafplatz für die Nacht suchen. Das ist eine kurze To-do-Liste. Die Ruhe selbst hockt sie auf dem Tisch, auf ihrem Schattenplatz, in völliger Stille, hat die Augen halb geöffnet, döst und strahlt Gelassenheit aus. Das Beste, was man bei solch einem Wetter machen kann. Warten, bis die Hitze vorbei ist. Sich Zeit nehmen für das Nichts. Ich dagegen will dauernd etwas erledigen. Damit endlich die wohlverdiente Pause kommt.

Moment mal. Pause? Warum steht alles Mögliche auf meinen Zetteln, aber nicht das Wort Pause? Nicht auf einem einzigen. Wie absurd. Ich reihe Termin an Termin, stopfe meinen Kalender voll, doch nie plane ich Pausen ein! Folglich kommt es zu keinen. Die Erkenntnis trifft mich wie ein Hieb.

Die Amsel hockt auf dem Tisch wie ein Denkmal. Ein Mahnmal für die Pause. Ich betrachte sie genauer. Ihr Gefieder glänzt tiefschwarz. In dieses Schwarz kann man eintauchen. Ihre Flügel, obwohl einige Zentimeter vom Körper abgespreizt, sind entspannt. Das Orange ihres Schnabels leuchtet sonnig. Ihre halb geschlossenen Augen verraten einen Schwebezustand: Zur Hälfte ist sie wach, zur Hälfte in Trance.

Dieses kalenderlose Tier, das sich in der Hitze so selbstverständlich ein kühles Plätzchen gesucht hat, hat mir gerade etwas geschenkt.

Ich nehme den Bleistift, schlage meinen Kalender auf und schaue, wo ich Pausen eintragen kann. Doch dann zögere ich. Normalerweise trage ich alles mit Bleistift ein, damit ich es ausradieren kann, falls sich etwas verschiebt. Die Pausen will ich auf keinen Fall ausradieren. Ich lege den Bleistift zur Seite, hole einen orangen Filzstift, orange wie der Schnabel der Amsel, und blättere Seiten um. Anfangs finde ich nur wenige Lücken für das Wort Pause. Von Woche zu Woche geht es besser. Dort eine Stunde. Hier ein Nachmittag. Manchmal schaffe ich es gar, das Wort über eine ganze Tagesspalte zu dehnen. Das sollen Tage sein, an denen ich nicht arbeite. Stattdessen werde ich einen Ausflug machen, auf der Wiese liegen, Briefe schreiben oder basteln. Mir wird schon etwas einfallen. Auch ganze Wochenenden umrunde ich orange. Trödelzeit! Eine feine Freude über das viele Orange in meinem Kalender macht sich in mir breit. Ich bekomme gute Laune.

Was für eine bahnbrechende Entdeckung! Ich selbst bestimme, wie ich meine Zeit einteile. Ich selbst bestimme, was ich mache und was ich lasse. Die Amsel hat es mir gezeigt. Man muss einen Platz freihalten für das Schöne, einen Raum, wo es sein kann. Im Herzen. Und im Kalender.

Bis zum Dezember trage ich Pausen ein. Als mein Kalender ziemlich orange aussieht, stöpsele ich den Filzstift zu. Mein Blick fällt auf die To-do-Zettel. Es sind noch genauso viele, aber jetzt sehen sie nicht mehr so bedrohlich aus. Ich werde sie um die Pausen herum platzieren. Mit etwas Luft dazwischen. Dann dauert halt alles etwas länger.

Ich trinke einen Schluck meines mittlerweile kalten Kaffees und sehe zur Amsel hinüber.

Sie hockt noch immer auf dem Kindertisch. Reglos. Kraftschonend. In sich versunken. Ein wunderbares Bild der Ruhe.

Willi

Wer ein Problem mit Selbstüberforderung hat, braucht eigentlich nur einen Hund.

Mein Hund heißt Willi. Er liegt gern auf einem Teppich. Ist dort, wo er sein will, kein Teppich, sucht er sich einen und zerrt ihn an die richtige Stelle. Auf dem Teppich liegen und dösen sind zwei seiner Lieblingsbeschäftigungen. Auch jetzt liegt Willi auf dem Teppich hinter mir und döst.

Ich sitze vor dem Laptop und denke. Mein Kopf raucht. Seit dem Morgen brüte ich über einer Geschichte, die ich bald abgeben muss, die sich aber nicht schreiben lässt. Je mehr sie sich widersetzt, umso mehr strenge ich mich an, und je mehr ich mich anstrenge, umso mehr widersetzt sie sich. Ich zweifle an mir, raufe mir die Haare, fühle mich schreibblockiert und nutzlos.

Willi schnarcht. Er ist nutzlos. Und völlig zufrieden. Er hat ja sich, mich und einen Teppich.

Ich lösche den siebten Anfang der Geschichte, klappe genervt den Laptop zu und greife nach dem Schmierpapier. Ich will den achten Anfang mit der Hand schreiben. Im Notfall komme ich meist über den handgeschriebenen Anfang rein. Dieses Mal nicht. Die Worte sträuben sich, fühlen sich hohl an, die Sätze wollen sich nicht fügen. Ich streiche alles durch. Schiebe das Blatt weg und nehme ein neues. Starre auf die weiße Fläche. Genauso leer ist es gerade in meinem Kopf. Ich schreibe einen Satz, streiche ihn durch, schreibe den nächsten, streiche auch den. Die Anfänge werden immer haarsträubender. Ich beiße die Zähne zusammen. Ich will die Geschichte trotzdem schreiben, habe das zugesagt, muss den Termin einhalten! Warum habe ich diesen Auftrag überhaupt angenommen?

Willi hebt den Kopf, stellt die Ohren auf und schaut mich an. Er klopft ein paar Mal mit dem Schwanz auf den Boden, streckt sich, erst nach vorn, dann nach hinten, schüttelt sich, trottet zum Napf, trinkt Wasser, trottet wieder zum Teppich, legt sich hin, schließt die Augen und döst weiter.

Ich reiße das Blatt mit dem neunten Anfang ab, knülle es mit den anderen Blättern zu einem Ball und werfe es fluchend in den Papierkorb.

Mit einem Satz springt Willi auf. Er rennt los, fischt den Papierball aus dem Korb, trägt ihn zu mir und lässt ihn vor meine Füße fallen. Er sieht mich erwartungsvoll an, stupst mich ans Bein, seine Augen locken. Er wedelt mit dem Schwanz, duckt sich, springt auf, legt seine Schnauze auf mein Knie. Sein Körper ist eine einzige Aufforderung: Na los! Komm spielen! Komm schon! Recht hast du, sage ich, und nehme die Leine. Wir gehen raus. Was für ein wunderbar goldener Herbsttag! Das hatte ich noch gar nicht mitbekommen. Mit dem Fahrrad geht's aufs Feld hinter der Kleingartenanlage. Verschiedene Ocker- und Gelbtöne leuchten in der Sonne, teils steht das Gras kniehoch, teils wate ich durch Matsch. Wir wandern am Bach entlang, der Weg ist gesäumt von Brennnesseln, Disteln und Sauerampfer. Die Schlehen- und Brombeerhecken präsentieren sich in allen Farben. Mit fliegenden Ohren springt Willi durchs Gras, mal rechts von mir, mal links von mir, er jauchzt, hüpft in den Bach, schüttelt sich, verteilt Kaskaden feiner Wassertropfen über mir, stöbert wer weiß woher einen zerfetzten Schaumstoffball auf und wirft ihn mir vor die Füße. Ich nehme das stinkende Etwas mit Daumen und Zeigefinger und werfe es in hohem Bogen. Er rennt los, holt das Ding zurück. Ich werfe wieder, bis ich nicht mehr kann. Wir rennen ein Stück Richtung Horizont. Braune Ackerflächen tun sich vor uns auf, hier und da sind noch Stoppeln von Weizen erkennbar. Am Himmelsrand ziehen dunkle Wolken auf. Neben uns segelt ein Eisvogel über einen Entwässerungskanal, sein Blau schillert in der Sonne. Willi versucht ihn zu fangen, rennt neben ihm her, macht einen gewagten Satz und landet prompt im Wasser. Der Vogel ist fort. Willi rappelt sich das steile Ufer hinauf, rast mit hängender Zunge über das matschige Feld. Findet einen Stock und verbuddelt ihn. Seine Augen leuchten. Sein Fell trieft vor Dreck, aber er muss noch in eine Distelwiese eintauchen, Bögen hüpfen über kniehohes Gras und vor Freude bellen.

Wir rennen, bis wir außer Atem sind. Jetzt sind die schwarzen Wolken direkt über uns. Erste Tropfen klatschen herunter. Schmutzig, erschöpft, nass und glücklich kehren wir um.

Auf dem Heimweg fällt mir der Anfang der Geschichte ein. Mit einem Mal weiß ich, wie sie funktioniert. Wunderbar!

Zu Hause angekommen, stürzt sich Willi aufs Trockenfutter, als wäre es der Inbegriff eines Fünf-Sterne-Essens. Ich stürze mich auf den Block und schreibe die Geschichte in einem Rutsch herunter, als hätte ich nie ein Problem damit gehabt. Der Stift saust übers Papier, eine Seite, noch eine, noch eine, Blatt für Blatt füllt sich, bis ich nichts mehr sehe. Ich reibe mir die Augen. Die Geschichte ist fertig. Es ist Nacht geworden.

Erst danach entdecke ich, dass mein Hund seinen Dreck in der ganzen Wohnung verteilt hat. Überall Schleifspuren, Schlamm, Erde. Die beiden Läufer aus dem Flur werfe ich in die Waschmaschine. Dann greife ich zum Schrubber. Was soll's. Willi eben.

Seit fünfzehn Jahren ist er bei mir. Und hat mich nicht einen Tag im Stich gelassen. Er weiß besser als ich, wann ich eine Pause brauche. Er merkt sofort, wenn ich traurig bin, ist einfach da und hält mich aus. Er freut sich mit mir. Er begrüßt mich, wenn ich heimkomme, als wäre ich von den Toten auferstanden.

Trotz allem ist ihm seine eigene Existenz ausreichend Grund zur Freude. Weil er zufrieden ist. Weil er nur in der Gegenwart lebt. Willis Dasein ist nah an der Erleuchtung.

Und ich? Ich lerne viel von ihm.

Der Zaubergarten

Manchmal muss ich raus. Besonders, wenn ich schlecht geschlafen habe und mir düstere Nachtgedanken das Herz schwer machen. Es ist früher Morgen, ein Tag im Juni. Mit der S-Bahn bin ich quer durch die Stadt gefahren. Hier war ich noch nie. Ich bestaune vornehme Villen mit großzügigen Vorgärten, sehe blühende Sommermagnolien und letzte Tulpen, lilienartige und gefranste mit offenen Kelchen und verblassten Farben. Neugierig betrachte ich schmiedeeiserne Dachreiter, Holzfenster, geschnitzte Türen und alte Jugendstilzäune. Eine Gegend wie im Märchen ist das. Ich schlendere den Bürgersteig entlang, biege hier in eine Seitenstraße ein, dort in eine andere. Gern würde ich ein Café finden. Den ersten Kaffee habe ich im Halbschlaf getrunken, ich brauche einen zweiten. Ich halte Ausschau, doch ein Café scheint es hier nicht zu geben.

Vor mir läuft eine gelbweiße Katze. Automatisch folge ich ihr. Zielsicher biegt sie in immer kleinere Straßen ab. Es ist ganz still. Ich glaube, das ist die Stille alter Häuser, die schon lange an ihrem Platz stehen. Das Kopfsteinpflaster erinnert mich an Kindertage. Plötzlich huscht die Katze durch ein Zaunloch und verschwindet. Verblüfft bleibe ich stehen. Hinter diesem Zaun, das ist kein Vorgarten, das ist ein Urwald! Lila Phlox, so groß wie ich, verströmt einen betörenden Duft, dazwischen Himbeeren und Rosenstöcke. Ich entdecke blühenden Kerbel, rote Stockrosen und die weißen Dolden der Angelica. Eine pralle Himbeere hängt vor meinem Gesicht, ich stecke sie mir in den Mund. Je länger ich in die Wildnis schaue, umso mehr Pflanzen erkenne ich. Brombeeren, Johannisbeeren, Farne, Brennnesseln, Apfel- und Quittenbäume, alles wild durcheinander und garantiert noch nie beschnitten. Das Gras wuchert bis auf den Bürgersteig. Rote Schafgarbe wächst neben Duftnessel und Frauenmantel, Anemonen und Akelei neben Sommerastern und Steindolde. Einen krasseren Gegensatz zu den Vorgärten rechts und links kann man sich nicht denken. Ein Haus sehe ich nicht. Stattdessen verraten drei riesige Ulmen, dass dieses Anwesen uralt sein muss.

Meine Neugier ist geweckt. Wie gern würde ich mir das mal genauer anschauen. Leider ist das Loch im Zaun, durch das die Katze verschwand, zu klein für mich. Ich höre eine Stimme: »Kommen Sie ruhig herein!« Gilt das mir? Tatsächlich, nun sehe ich eine alte Frau auf dem Grundstück. Sie winkt mir zu. Schmal ist sie, mit schlohweißem Haar. Ein grüner Umhang bedeckt ihre Schultern. Sie sitzt an einem Tisch unter einer Ulme und deutet auf eine Stelle rechts von mir. Dort gibt es eine Pforte. Ich trete ein und gehe zu ihr. Sie bietet mir Tee an. Sie habe ihn gerade aufgegossen, ob ich ihr nicht Gesellschaft leisten wolle?

Ich setze mich. Der Tee ist ausgezeichnet. Sie mache ihn selbst, sagt sie, mit Kräutern aus dem Garten. Dann erzählt sie. Von der Katze, von den Ulmen, die ihre Urgroßmutter gepflanzt habe, vom Frühling, den Pflanzen, den Vögeln. Sie hat eine leise, warme Stimme. Je länger ich ihr lausche, umso wohler fühle ich mich. Fasziniert sehe ich, wie sie verschiedene Vögel an den Tisch lockt, mit sonderbar gurrenden Rufen. Ein Gartenrotschwanz kommt so nahe, wie ich noch keinen gesehen habe. Er sitzt am Rand des Tisches und beäugt mich. Eine Kohlmeise lässt sich auf ihrer runzligen Hand nieder und fliegt nicht einmal weg, als die Alte sie streichelt. Zwei Distelfinken füttert sie mit Körnern. Die Frau ist so ruhig, ihre Bewegungen so langsam, als wäre sie selbst Teil dieses Gartens.

Ich genieße die Sonne und bin berauscht vom Duft, der aus den Blüten ringsum aufsteigt. Die Stimme der Frau ist wie ein Singsang. Einmal, als ich sie etwas frage, streckt sie statt einer Antwort nur die Hände aus und macht eine Bewegung über ihr Grundstück hin, als sei damit alles gesagt. Ihr Garten versorge sie, meint sie, hinterm Haus gehe er noch weiter, dort habe sie Gurken, Tomaten, Kürbisse und Kartoffeln, das könne sie alles gar nicht allein verzehren.

»Hinterm Haus?«, frage ich. »Ich habe kein Haus gesehen.«

Sie dreht sich um und zeigt mitten ins Grün. Und je länger ich schaue, umso mehr schält sich eine efeubewachsene Wand zwischen Büschen und Bäumen heraus. Sie lebe allein hier, sagt sie, und komme zurecht. Vor allem freue sie sich für die Tiere, die es hier so gut hätten. Während ich ihr lausche, bestaune ich das Durcheinander von Pflanzen. Einige, die um den Tisch herum wachsen, kenne ich. Den gelben Eisenhut mit seinen zarten Blüten, die Graslilien oder das Steinkraut. Ich sage, wie wunderbar ich ihren Garten finde. Ja, entgegnet sie, es seien auch schon viele Männer gekommen in den letzten Jahren. Sie hätten versucht, ihr das Grundstück abzukaufen. Immer in Schlips und Kragen. Aber natürlich würde sie ihr Haus nie verkaufen. Und ihren Zaubergarten schon gar nicht. »Zaubergarten?«, frage ich. Sie lacht. »Merken Sie es nicht?« Ich frage, was ich merken soll. Doch nun weicht sie aus, das käme schon noch, sagt sie, es sei nicht weiter wichtig. Sie gießt Tee aus dem Porzellankännchen nach. Dazu frische Sahne. Der Tee schmeckt nach Koriander und einem scharfen Gewürz, das ich nicht kenne. Wir lauschen dem Vogelgezwitscher. Reden über Gott und die Welt. Manchmal sehe ich die Katze durchs Dickicht streifen. Ich trinke so viel Tee, dass es mir schier unmöglich erscheint, dass all dieser Tee in die kleine Kanne passen kann.

Sie fragt, warum ich in der Gegend bin. Ich erzähle von meiner durchwachten Nacht, von den dunklen Gedanken und dem Versuch, sie durch Bewegung zu vertreiben. Und noch während ich rede, ist mir, als hätte ich nachts von einem wilden Garten geträumt, ähnlich dem, in dem ich gerade sitze. Als hätte mein Traum mich hierher geführt, ohne dass ich mir erklären kann, wie das zugegangen sein soll. Trotzdem scheint mir alles richtig und stimmig. Schon lange hatte ich nicht mehr so stark das Gefühl, dass alles in meinem Leben völlig in Ordnung ist.

Irgendwann wird mir kühl. Ich ertappe mich dabei, mir solch ein Tuch zu wünschen, wie die Frau eins um die Schultern hat. Und erst jetzt merke ich, dass es bereits dämmrig geworden ist. Erschrocken springe ich auf und frage, wie ich zur nächsten S-Bahn komme. Das wisse sie nicht, sagt die Alte, sie verreise schon lange nicht mehr. Sie bückt sich, bricht eine kleine Pflanze mit herzförmigen Blättern ab und reicht sie mir. Falls es mir schlecht gehe, sagt sie, solle ich mir daraus einen Tee zubereiten.

Ich bedanke mich, stecke das Kraut ein und trete durch die Pforte. Ich gehe lange geradeaus, finde eine Bushaltestelle und fahre zu einem S-Bahnhof, von dem aus ich nach Hause zurückkehre. Dort sehe ich auf die Uhr. Es ist kurz vor zehn am Abend. Wie kann das sein? Bei der Frau war ich höchstens drei Stunden. Oder? Gut, vorher bummelte ich herum, lief der Katze nach, aber das kann unmöglich so lange gedauert haben. Rein rechnerisch stimmt da etwas nicht. Ich versuche herauszufinden, wo der Tag geblieben ist. So muss sich Zwerg Nase gefühlt haben, als er nach sieben Jahren wiederkam und glaubte, er wäre nur einen Nachmittag lang fortgewesen.

Was war da geschehen? Ich hatte mich rundum gut gefühlt. Ich war bei mir gewesen, hatte mich meiner Neugier hingegeben und die Zeit vergessen. Lag das an der Frau? Oder an ihrem Garten? Oder am Tee?

Um das herauszufinden, war ich noch zweimal in dieser Gegend. Ich wollte die alte Frau suchen, sie fragen, was an jenem Tag mit mir passiert war. Stundenlang lief ich zwischen den Villen und Vorgärten herum, doch so sehr ich mich bemühte, das wilde Grundstück mit dem zugewachsenen Haus war verschwunden. Auch die gelbweiße Katze konnte ich nicht mehr finden.

Ich könnte das Ganze also für einen Traum halten, wäre da nicht das Kraut, das mir die Alte geschenkt hat. Bis heute liegt es auf der Kommode in meinem Wohnzimmer, etwas vertrocknet zwar, aber doch Beweis genug, dass ich das alles tatsächlich erlebt habe.

Erich

Man denkt immer, Kinder seien quirlig und ungeduldig. Nicht so Erich. Als ich das erste Mal von ihm hörte, kannte ich ihn noch nicht. Ich ahnte auch nicht, dass er es sein würde, der mich bald mächtig verstören würde. Ich saß am Küchentisch und machte Hausaufgaben, als ich plötzlich das Wort »Zirkus« aufschnappte. Sofort war ich ganz Ohr. »Leute aus dem Zirkus«, sagte meine Mutter. »In zwei Wochen. Der Junge soll in die Fünfte.«

Meine Eltern waren Lehrer an derselben Schule, an der ich Schülerin war. Ein Junge aus dem Zirkus! Ich kostete die wunderbare Nachricht aus. Es zogen selten Menschen in unsere Kleinstadt. Und dann gleich eine Zirkusfamilie! Ob er in meine Klasse käme? Es gab nur zwei fünfte Klassen, die Chance war also groß. Mein Herz machte kleine Sprünge. Ich begann von ihm zu träumen. Ich stellte ihn mir wunderschön vor: groß, mit Indianergesicht und verwegen blitzenden Augen. Er saß auf einem schwarzen Pferd und ritt über den Schulhof. Bestimmt spielte er Gitarre. Bestimmt konnte er Messer werfen, Tiger bändigen und war viel stärker als Fite, ja als alle Jungs unserer Klasse. So wurde Erich mein Idol, bevor er da war.

Zwei Wochen musste ich noch warten, bis er mein Leben erhellen würde. Diese Zeit wollte ich bestmöglich nutzen. Also ging ich jeden Nachmittag zum Wall. Dort standen die dicksten Kastanienbäume. In der Tasche hatte ich den Dolch, den mir mein Opa zum elften Geburtstag geschenkt hatte. Ich übte Messerwerfen. Irgendwie musste ich Erich, wenn er kam, ja schließlich auf mich aufmerksam machen. Und etwas anderes als Messerwerfen fiel mir nicht ein.

Niemandem erzählte ich von der Neuigkeit, nicht mal Silvi und Renate, meinen besten Freundinnen. Wer einmal gute Freundinnen hatte, weiß, dass man vom Verschweigen wunderbarer Geheimnisse Bauchschmerzen bekommen kann. Die nahm ich in Kauf, denn nun hatte ich etwas, was ich den anderen Mädchen gegenüber noch nie empfunden hatte: einen Vorsprung. In diesen zwei Wochen fühlte ich mich großartig. Ich hatte den Neuen für mich allein, konnte von ihm träumen und mir ausmalen, was geschehen würde, wenn er auf der Bildfläche erschien.

Ich stellte mir das so vor: Nach und nach würde er uns seine Kunststücke zeigen – übers Seil laufen, Jonglieren, Feuer schlucken, reiten, all das. Und eines Tages, wenn es ans Messerwerfen ginge, würde ich ganz locker aufstehen, nachdem er mindestens zwanzigmal ins Schwarze geworfen hätte, und zu ihm sagen: »He, kann ich auch mal?« Alle würden lachen. Silvi und Renate vielleicht nur leise, aber auch sie würden denken, ich könne das nicht. Fite würde am lautesten lachen. Ich war nicht gut im Sport, und er lachte immer schon, wenn ich nur zum Sprint ansetzte.

In diesem Moment trete ich also ganz nah an den Neuen heran. Höchstens einen halben Meter stehe ich von ihm entfernt. Er lächelt mir zu und gibt mir seinen Dolch. Ich rieche seinen Abenteuergeruch, ein bisschen nach Lagerfeuer und warmem Pferdekörper. Ich nehme das Messer, werfe ganz locker aus der Hüfte und treffe voll ins Schwarze. Allen stehen die Münder offen, weil sie mir das nicht zugetraut haben. Er sagt: »Wow!« Und dann ist er mein Freund. Jeden Abend schlief ich mit diesem Bild ein.

Das mit dem Messerwerfen war aber schwerer als gedacht. Ich übte verbissen. Am ersten Tag malte ich mit Kreide ein Kreuz auf die Kastanie. Am zweiten Tag einen Kreis. Am dritten Tag versuchte ich, den Baum überhaupt zu treffen. Allmählich kriegte ich den Dreh raus. Damit das Messer in der Rinde steckenblieb, musste ich mich konzentrieren, die Spitze der Klinge mit Daumen und Zeigefinger packen, immer denselben Abstand zur Kastanie einhalten und mit dem gleichen Schwung werfen. Zweimal schnitt ich mich in den Finger. Es waren herrliche Zeiten. Ich hatte ein Ziel. Am Ende der zweiten Woche traf ich den Kreis.

Und dann kam er. Er kreuzte meinen Schulweg, und ich zuckte zusammen. Nicht im Traum hätte ich ihn mit meinem Helden in Zusammenhang gebracht. Nie hatte ich ein so hässliches Kind gesehen. Alles an ihm war riesig: die Nase ein Schürhaken, der Mund ein Scheunentor, dazu Segelohren, dass er aussah wie ein Topf mit Henkeln. Die Augen waren zu weit voneinander entfernt und so schwarz, dass man Angst hatte, jeden Augenblick in den Eingang der Hölle hineingezogen zu werden.

Zehn Minuten später betrat er unseren Klassenraum, und in meinem Kopf reifte eine entsetzliche Wahrheit heran.

Das sollte mein Held sein? Statt nach Abenteuer roch er nach ungewaschenen Füßen, sah schwächlich aus, zeigte keine Kunststücke. Noch dazu war er zweimal sitzen geblieben. Ich war gekränkt. Obwohl es niemanden gab, den ich in meine Träume eingeweiht hatte, war mir, als hätte er mir öffentlich eine Ohrfeige gegeben. Zur Strafe ließ ich ihn links liegen. Auch die anderen schnitten ihn. Anfangs hatten sich noch Neugierige gefunden, doch nach ein paar provokanten Fragen: »Wie ist es denn im Zirkus? Wurdest du schon mal vom Tiger gebissen? Wohnt ihr noch im Wohnwagen?«, die er ausweichend beantwortet hatte, war das Interesse an ihm erloschen.

Er war ein stiller Typ von geradezu aufreizender Trägheit. Im Unterricht saß er erstarrt und schaute aus dem Fenster. Wurde er an die Tafel gerufen, dauerte es ewig, bis die Aufforderung bei ihm ankam. Im Zeitlupentempo bewegte er sich nach vorn und malte die Zahlen oder Buchstaben so schwerfällig, dass die Lehrer oft die Geduld verloren und ihn auf seinen Platz schickten. Zensuren schienen ihn nicht zu interessieren. Die Lehrer sagten, wenn er so weitermache, würde er wieder sitzen bleiben. Wahrscheinlich hatten ihn seine Eltern deshalb in einer festen Schule angemeldet. Damit hatten sie Erich jedoch keinen Gefallen getan. Wie ein gefangenes Tier stand er in der Pause auf dem Schulhof am Zaun und starrte nach draußen.

Ich war damals unglaublich eingebildet. Das Lernen fiel mir leicht. Einer, der zweimal sitzen geblieben war, galt mir als strohdumm. Bis heute bin ich Erich dankbar, dass er mein borniertes Weltbild ins Wanken brachte. Alles begann mit dem »Klamotten-Klau-Spiel«. In der Pause versammelten sich die Mädchen auf einer und die Jungs auf der anderen Seite des Hofes. Fite, der Chef der Jungs, gab das Zeichen. Anschließend rannten alle auf die andere Seite, wobei sie versuchten, den Entgegenkommenden ein Kleidungsstück abzunehmen. Das gelang umso besser, wenn man vorher Verabredungen getroffen hatte. Falls einem etwas geklaut wurde, musste man es bis Unterrichtsbeginn auslösen. Der Dieb entschied, was er dafür haben wollte. Die Mädchen wollten meist einen Kuss, die Jungs irgendwo anfassen. Dieses Jagen, Knistern und Kribbeln bereicherte unseren Schulalltag erheblich. Gestohlen wurden Pionierhalstücher, Mützen, Jacken, Brotbüchsen und einmal sogar ein Strumpf.

Es passierte an meinem zwölften Geburtstag. Morgens durfte ich das Paket von meinem Opa auspacken und fand darin ein nagelneues T-Shirt, orange, mit knallroten Blumen darauf. Ein Traum von einem Shirt! Natürlich wollte ich es gleich zur Schule anziehen. Meine Eltern waren dagegen. Sie wollten keinen Ärger wegen eines West-T-Shirts. Ich flehte inständig. Schließlich gaben sie nach. Erhobenen Hauptes machte ich mich auf den Schulweg. Ich fühlte mich schön wie noch nie. Die Sonne schien, die Vögel sangen, die Welt war nur für mich gemacht.

Es kam, wie es kommen musste. Sämtliche Jungs fielen in der Hofpause über mich her. Ich versank in einem Knäuel von Händen, schrie, hoffte auf Mädchensolidarität, kämpfte, tobte. Plötzlich stand ich im Unterhemd da. Mit weichen Knien rannte ich in eine Mauernische. Dort wollte ich im Erdboden versinken. Ich weiß nicht, was mich mehr entsetzte: Meine Nacktheit, der Verrat der Mädchen, die Grobheit der Jungs oder die Tatsache, dass ausgerechnet ich zum Opfer geworden war. Keine zehn Pferde hätten mich aus der Nische herausgebracht. Konnten nicht wenigstens Silvi oder Renate mir helfen? Nichts tat sich. Minute für Minute verging. Es war furchtbar. So gottverlassen hatte ich mich noch nie gefühlt.

In diesem Moment sah ich Erich. Er stand am Zaun. Anders als sonst schaute er nicht auf die Straße, sondern in Richtung Schulhof. Als er losging, wirkte er so stolz. Mit jedem Schritt, den er quer über den Hof machte, schien er über sich hinauszuwachsen. Ruhig ging er auf die Jungs zu. Ich hielt den Atem an. Was ging hier vor? Verbündete Erich sich ausgerechnet jetzt mit den Jungs? War das seine Rache an mir? Bilder aus den letzten Monaten stiegen in mir auf: Erich, der mich in der Pause zu einer Matheaufgabe fragt. Erich, der sich von mir einen Stift ausborgen will. Erich, der mit mir den Blumendienst übernehmen will. Ich hatte ihn stets abblitzen lassen.

Jetzt stand Erich vor Fite und den anderen Jungs. Fite schrie: »Verpiss dich!« Seine Stimme klang schrill.

Die Jungs rückten näher an ihn heran. Schon dröhnte die Pausenklingel. Ich ließ alle Hoffnung fahren.

Da machte Erich eine verblüffende Bewegung. Er fuhr einmal mit dem Arm durch die Luft, als führe er ein Schwert, drehte sich um die eigene Achse und streckte die Hand in Fites Richtung aus, ohne ihn zu berühren. Fite schrie auf, die anderen Jungs wichen entsetzt zurück. Nun hielt Erich mein Shirt in der Hand.

Seelenruhig, als wäre nichts gewesen, kam er auf mich zu. Er reichte mir das Shirt, sagte: »Die Stunde fängt gleich an« und ging ein paar Schritte zur Seite. Er wartete, bis ich heran war, um mich dezent ins Schulhaus zu begleiten. Als wir den Klassenraum betraten, war es ungewohnt still.

Am nächsten Tag wartete Erich am Tor auf mich. Nachdem wir ein Stück schweigend nebeneinanderher gegangen waren, nahm ich all meinen Mut zusammen. »Danke wegen gestern«, sagte ich. Statt einer Antwort fing er an zu lachen. Verstört blickte ich auf. Lachte er mich aus? »War es schön im Zirkus?«, quetschte ich hervor, um der peinlichen Situation zu entgehen.

»Ja«, rief er fröhlich. »Und weißt du was? Meine Eltern halten es auch nicht mehr aus in der Wohnung. Das ist nichts für uns. Im Sommer sind wir weg. Bin ich froh!«

Ich blieb abrupt stehen. »Du ziehst weg?« Ich konnte nicht verhindern, dass meine Stimme bebte.

Erich strahlte. »Gestern hat mein Papa unterschrieben. Wir gehen zum Berolina! Ich hab 'ne eigene Nummer. Ich trete mit 'nem Schwein auf!«

»Was?«, stotterte ich.

»Schweine sind klug«, sagte er. »Und gemütlich. Denen kannst du ganz viel beibringen. Müsstest du sehen. Mit Tieren hab ich früher schon viel gemacht.« Die Sonne schien durch seine Segelohren. Seine schwarzen Augen leuchteten.

»Und die Schule?«, fragte ich.

»Ach, Schule!« Er spuckte aus. »Ich werd sowieso Akrobat! Bin schon ziemlich gut. Irgendwann hab ich meine eigenen Tiere und denk mir selbst Programme aus!«

Ich schluckte. Wir hatten den Weg zum Fluss eingeschlagen. Die engen Straßen, geduckten Fachwerkhäuser, kleinen Vorgärten und gestutzten Hecken, das alles kam mir vor wie ein Gefängnis. »Wie hast du das mit Fite gemacht?«, fragte ich.

Er grinste. »Kleiner Akrobatentrick. Hab ich von meinem Papa.«

Und mit einem Mal hatte ich Lust, ihm zu zeigen, dass mehr in mir steckte als das eingebildete Lehrerkind. »Ich kann auch einen Trick«, rief ich. »Hast du ein Messer dabei?« Er hatte. Es war ein Klappmesser. Einige Schritte weiter stand eine alte Kastanie. Ich trat zurück, nahm die Klinge zwischen Daumen und Zeigefinger, konzentrierte mich und zielte. Das Messer schwirrte sauber durch die Luft und traf den Baum genau in der Mitte.

»Wow!«, sagte Erich. »Das fetzt!«

»Kannst du auch Messer werfen?«, fragte ich.

»Nö«, sagte er, zog das Messer aus dem Baum, klappte es zusammen und steckte es ein. »Aber das hier kann ich.« Er sammelte ein paar flache Steine vom Weg und deutete auf den Fluss. »Komm mal mit!«

Wir liefen über die Wiesen. Dann hockten wir uns ans Ufer. Erich wurde still, sah übers Wasser und warf geschickt einen Stein nach dem anderen. Wie bizarre Wasserläufer hüpften sie über die Oberfläche und gaben schwirrende Geräusche von sich.

Ich versuchte es nachzumachen, schaffte es aber nicht.

»Das ist wie mit dem Messer«, sagte er. »Du musst es aus der Ruhe raus machen.«

»Aus der Ruhe?«

»Ja, selber das Messer sein. Oder der Stein.«

Ich verstand ihn nicht. Das schien ihm nichts auszumachen.

Schließlich saßen wir nur da und schwiegen. Es war ein schönes Schweigen. Auf den Wiesen grasten Pferde. Vor uns tummelten sich Enten und Schwäne. Sonnenlicht glitzerte auf den Wellen. Erichs Augen fingen es auf, und ihre Schwärze verwandelte sich in einen besternten Nachthimmel.

Nach den Ferien blieb Erichs Platz leer. Ich sah ihn nie wieder. Trotzdem, seit diesem Nachmittag am Fluss ist er immer irgendwie bei mir.

Die Schuhe

Dort, wo der Schuh aus Eisen am Haus hängt, muss ich die Stufen hinuntergehen. Dann rechts durch die offene Tür. Den kleinen blauen Zettel mit der Nummer halte ich fest in der Hand. Den hat mir mein Vater gegeben. Ich soll seine Schuhe abholen. Ich soll dem Schuster den Zettel geben und meinen Namen sagen.

Als ich die Werkstatt betrete, versinke ich im Geruch nach Leder und Leim. An allen Wänden sind Regale, bis zur Decke voller Schuhe. Grobe Schuhe für Arbeiter, Stiefel, Tanzschuhe für Damen, Stöckelschuhe, Schuhe für Kinder, Sandalen …

Es ist still. Mitten im Raum steht ein Tisch. Berge von Leder in allen Farben türmen sich auf ihm. An dem Tisch sitzt ein alter Mann mit Brille. Er ist dünn, trägt einen blauen Kittel, hat weißes Haar, ein runzliges Gesicht und leuchtende Augen. Hinter seinem rechten Ohr klemmt ein Bleistift. Von der Decke hängt die Lampe herunter, so tief, dass sie fast seinen Kopf berührt. Der Mann beugt sich über ein Ding aus Eisen, über das er einen schwarzen Halbschuh gestülpt hat. Mit der linken Hand hält er den Schuh fest, mit der rechten näht er das Leder an die Sohle. Er ist vertieft in seine Arbeit. Er merkt gar nicht, dass ich da bin.

Mit offenem Mund stehe ich an einer Ecke des Tisches und sehe ihm zu. Geschickt fädelt er die Nadel durch das Leder und zieht das Garn fest. Nach ein paar Stichen legt er die Nadel zur Seite, tunkt den Finger in eine Schale und schmiert etwas Gelbes auf den Schuh, das aussieht wie Schmalz. Er reibt es auf die Naht, als ob er den Schuh streichelt. Danach wischt er sich die Hand an einem fleckigen grauen Lappen ab, nimmt die Nadel und näht weiter. Auf dem Tisch liegt das viele bunte Leder. Auch Schuhe stehen darauf. Manche haben Löcher. Bei manchen löst sich die Sohle ab. Andere sind halb fertig. Dazwischen liegen Zangen, Ahlen und viele andere Werkzeuge mit glänzenden dunklen Holzgriffen.

Jetzt legt der Schuster die Nadel hin, nimmt den fertigen Schuh vom Eisen herunter und schneidet das Garn ab. Er hält den Schuh ans Licht und betrachtet ihn von allen Seiten. Er fährt mit der Hand übers Leder, prüft Naht und Sohle. Dann stellt er den Schuh auf den Tisch und beginnt, ihn mit schwarzer Schuhcreme einzureiben.

Es muss wunderbar sein, Schuhe machen zu können. Etwas herzustellen, was Menschen brauchen.

Vor mir liegt ein großes sonnengelbes Leder. Ich streiche mit der Hand darüber. Wie weich das ist!

Jetzt sieht er mich.

»Schönes Leder?«, sagt er. »Gefällt es dir?«

Erschrocken ziehe ich die Hand zurück und nicke.

»Wie alt bist du denn?«, fragt er.

»Sieben«, sage ich.

»Du kannst es ruhig anfassen«, sagt er, taucht den Lappen in die Creme und poliert den Schuh.

Ich bin so glücklich. Ich streichle das Leder mit beiden Händen. Es fühlt sich lebendig und warm an. Ich probiere das hellbraune Leder. Das ist härter, fast kratzig. Ich gehe um den Tisch. Das rote ist auch weich. Und dicker als das gelbe. Das schwarze fühlt sich glatt an wie lackiertes Holz. Das dunkelbraune hat ein Fischgrätenmuster. Es gibt sogar grünes, das aussieht wie poliertes Moos. Aber das schönste ist das gelbe. Bestimmt macht er daraus Schuhe zum Tanzen.

»Haben Sie die alle selbst gemacht?«, frage ich und zeige auf die Schuhe in den Regalen.

Er hebt den Kopf. »Nicht alle«, sagt er. »Manche mache ich nur heil.«

Der Schuster hat den fertigen Schuh zur Seite gestellt. Der Schuh glänzt. Jetzt legt er ein neues Leder auf eine Form aus Holz und fährt mit dem Messer daran entlang. Dann sticht er mit der Ahle Löcher hinein. Er holt eine Sohle aus einer Kiste, legt sie auf das Eisending und näht wieder. Er schaut den Schuh genau an. Dabei hält er den Kopf ein bisschen schief, und manchmal beugt er sich so nah über das Leder, dass ich seinen Nacken sehen kann.

Ich mag den Schuster. Bestimmt ist er so freundlich, weil er seine Arbeit gern macht. Weil sie das ist, was er am liebsten macht.

Er sieht mich an. »Na«, sagt er, »warum bist du denn gekommen?«

»Ich soll die Schuhe für meinen Vater abholen«, sage ich.

»Hast du auch einen Zettel?«

Der Zettel in meiner Hand ist zerknittert. Der Schuster sieht auf die Nummer. Er holt die Schuhe meines Vaters aus dem Regal. »Bitte schön, Madame«, sagt er. Dann nimmt er eine Schere vom Tisch, langt nach dem gelben Leder, schneidet einen Streifen davon ab und schenkt ihn mir.

Glücklich steige ich die Treppe zur Straße hinauf. Und weiß: Wenn ich groß bin, will ich Schuster werden.

UNTERBRICH DICH

Bist du dir selbst zu schnell
Unterbrich dich
Lüfte dein Herz

Nimm dir Zeit für das Nichts
Das Kostbare
Halte ein Eckchen frei
Für die Stille

In der deine Angst
Zur Neugier wird
Dein Zagen zum Mut
Dein Nirgends zum Hier

Sand

Überall roter Sand. Und dieses sich ständig wandelnde Licht. Die Namib-Wüste. Ist es das Licht oder die Stille? Was ergreift mich hier so? Ich hätte diese drei Wochen nicht in irgendeiner berühmten Stadt sein wollen, mit gar nichts hätte ich tauschen wollen.

Meine Freundin Hedwig und ich kommen in Windhoek an. Die Häuser der Weißen von Mauern umgeben, Eisentore, obenauf Stacheldraht. Lauter schicke, kleine Gefängnisse. Hotel Thüringer Hof, Hotel Kaiserkrone, Hotel Fürstenhof, Bismarckstraße, Offiziershaus, Kaiserliche Realschule … In den Geschäften werde ich auf Deutsch angesprochen. Ich komme mir vor wie in einem alten Film. Reiterdenkmal – heroisches Relikt aus der Deutsch-Südwest-Zeit: 1904 schlachteten die sogenannten »Deutschen Schutztruppen« von achtzigtausend Hereros fünfundsechzigtausend ab, den Rest schickten sie in die Wüste. Und ich laufe hier einfach so herum, umgeben von freundlichen Menschen.

Die Hererofrauen mit ihren aufwändigen Kleidern lächeln. Sie lassen sich gern fotografieren. Doch sie ziehen ihre prächtigen Gewänder nicht für die Fotografen an. Sie ziehen sie an, weil sie darin schön sind. Je bunter, desto schöner. Ich würde umkommen, wenn ich bei dieser Hitze Garderobe aus mehreren Schichten tragen müsste. Aber wer weiß, vielleicht kühlen die Stoffe.

Plötzlich der Regen, ein Wolkenbruch für fünf Minuten, und wie aus dem Nichts haben sie alle Regenschirme über sich aufgespannt, hüpfen, springen, lachen mit den bunten Schirmen vor den bunten Häusern herum: Knallrosa, knallgelb, knallgrün. Es gibt überhaupt keine normale Farbe. Ob das von der Sonne kommt, von diesem speziellen Licht? So ein Licht habe ich vorher noch nie gesehen.

Wir machen uns auf, lassen Windhoek hinter uns, durchqueren einen saftig grünen Stadtgürtel, langsam wird die Landschaft karger. Neunhundert Kilometer Namib. Hitze flirrt über der Straße und erzeugt Luftspiegelungen, die tatsächlich wie Wasser aussehen. Nur dass der See, der vor uns liegt, nie auftaucht. Anfangs säumen Akazien mit Halbmondfrüchten die Straße. Bald werden sie seltener. Die knöchernen Stämme einzelner Köcherbäume, einer Agavenart, die zwanzig Jahre ohne Wasser auskommt, leuchten uns entgegen. Dann der Kuiseb Canyon, wo ich anhalten und aus dem Auto steigen muss wegen der Tränen. Ich heule, weil es so schön ist, weil ich plötzlich weiß: Die Erde ist ein Stern, ganz zerrissen, ganz verletzlich. Mein Stern.

Damaraschiefer und Kalkstein bilden die zerklüfteten Wände der Schlucht und reflektieren das Sonnenlicht tausendfach. Betäubt fahren wir durch die Helle. Der Kuiseb-Fluss ist ausgetrocknet. Überall Geröll, Felsrisse, Plateaus, aufgeschüttete Steinhaufen, als hätte ein Riese sein Spielzeug verloren. Gebirgsformationen in allen Größen und Farben. Strauße kreuzen die Straße. Eine Herde Zebras. Jetzt eine Affenfamilie. Als wir parken, plündern die Affen sofort unseren Proviant, ich erschrecke, flüchte ins Auto, Hedwig lacht. Und immer denke ich: Das ist nicht wahr. Ich träume. Das ist Kulisse. Ein schizophrenes Gefühl: Etwas zu sehen und es nicht glauben zu können. So sehr ich mich bemühe, ich werde das Kulissengefühl nicht los, die Überzeugung, jeden Moment würde das weggeräumt, zusammengeklappt, ausgeschaltet. Ich bin total neben mir und begreife erst Stunden später, wovon. Es ist die Stille. Wenn wir halten, ist nichts, absolut nichts zu hören.

Neunhundert Kilometer kein anderes Auto. Roter Sand. Heißer Staub. Ausgetrocknete Flussläufe. Neunhundert Kilometer keine Behausung. Salzstraßen, Teerstraßen, Sandstraßen. Die Namib leuchtet. Ich sehe das erste Mal ganz nah eine Hyäne. Sie läuft ein Stück neben unserem Auto her. Hedwig sagt, dass man nicht aussteigen darf, wenn Elefanten kommen, auch wenn sie das Auto ein bisschen hin und her schieben. Nashörner wären noch gefährlicher. Zum Glück kommen weder Elefanten noch Nashörner. Dafür stehen Oryxe am Straßenrand, eine Herde von mindestens fünfzig Tieren, groß wie Hirsche, mit beeindruckend geschwungenen Hörnern und einer wunderschönen schwarz-weiß-braunen Fellzeichnung. Bisher habe ich die stolzen Tiere nur auf den namibischen Briefmarken gesehen. Hier sind sie zu Hause und kümmern sich herzlich wenig um unsere Anwesenheit.

Da kommt ein Mann die Straße entlang. Ein Schwarzer. Gepäck hat er keins. Hedwig hält und fragt, ob wir ihn ein Stück mitnehmen sollen. Ich sehe seine Sandalen, seine vernarbten Füße, sein sandiges Gesicht. Er lächelt, bedankt sich und geht weiter.

Die Straßen werden immer sandüberwehter. Schließlich hören sie auf. Wir lassen die Luft aus den Reifen, damit wir nicht stecken bleiben. Nun pflügen wir den meterdicken Wüstenboden. Das Auto schlingert. Ein bisschen ist es wie Boot fahren.

Die Farm, zu der wir wollen, ist so groß wie Hessen und besteht aus Sand. Auf ihr stehen in gehörigem Abstand sechs Zelte, ein Farmhaus und eine Hütte mit Stoffwänden.

Ankommen, die Stoffbahnen der Hütte hochrollen, bis sie keine Wände mehr hat, bis sie nur noch aus Balken besteht. Unsere Schritte im Sand, unsere Schritte auf dem Holzboden des Hauses, unser Atem, das sind die einzigen Geräusche. Vor der Hütte liegt eine vertrocknete Akazie. Hier hat es acht Jahre nicht mehr geregnet. Manchmal zeigen sich zwar Regenwolken am Himmel, es fällt sogar Regen heraus, doch die Tropfen verdunsten, bevor sie die Erde erreichen.

Ich habe Sand zwischen den Zähnen. Es gibt ja noch das Farmhaus, sage ich mir, allein sind wir also für namibische Verhältnisse nicht. Doch das Farmhaus ist elf Kilometer entfernt. Telefon gibt es hier ebenso wenig wie Strom und Wasserleitung. Ein Funkgerät gibt es. Welches ich nicht bedienen kann. Ich hoffe, dass Hedwig es kann. Was, wenn ein Skorpion kommt und eine von uns sticht? Hedwig kann das Auto durch den Sand manövrieren. Ich nicht. Sie könnte mich also zum Farmhaus bringen. Wenn der Skorpion sie sticht, sieht es schon schlechter aus.

Aber es kommt kein Skorpion. Die Sonne kommt, das ist alles. Sie kommt morgens um sieben wie ein Hammer. Man wird im Bett erschlagen von ihr. In wenigen Minuten ist die Luft heißer als mein Körper. Schweißüberströmt schnappe ich mir das Laken, mit dem ich mich zugedeckt hatte, und lege mich unter den Tisch, Schatten erhoffend. Schatten gibt es, er nützt jedoch nichts. Einmal trete ich, ohne nachzudenken, aus der Hütte heraus, schreie auf und vollführe einen Tanz. Der Sand hat meine nackten Füße verbrannt.

Am fünften Tag geschieht ein Wunder. Völlig unerwartet hört das Kulissengefühl auf, und ich bin da. Die Namib duftet. Ein herbsüßer Geruch, wie geröstetes, gezuckertes Heu. Kandiertes Heu, sonnenwarm, hitzegesättigt. Namib-Geruch. Ich bin berauscht. Ich kann nicht genug davon bekommen. Sitze mit großen Nasenlöchern unter dem Dach und atme. Werde satt dabei. Überhaupt braucht man fast nichts zu essen bei fünfundvierzig Grad im Schatten. Ab und zu einen Joghurt aus dem gasbetriebenen Kühlschrank, das reicht. Und natürlich trinken. Liter um Liter. Einmal in vierzehn Tagen kommt ein Lastwagen vom Farmhaus herüber und füllt den Wassertank auf. Sonst ist nur Sonne, Stille und Duft um uns. Einzelne weiße Wüstengrasbüschel reiben sich aneinander und geben ein zikadenähnliches Geräusch von sich. Aber nur wenn etwas Wind geht, und der geht fast nie. Oryxherden ziehen vorbei. Morgens von rechts nach links, abends von links nach rechts. Öfter sehe ich von fern ein paar Springböcke, zarte Antilopengeschöpfe, die wie gewichtslose Tänzer aus einer anderen Welt über dem Sand schweben.

Freunde haben mich später gefragt: »Sag mal, was habt ihr denn da die ganze Zeit gemacht, drei Wochen lang? War das nicht langweilig?« Langweilig? Der Gedanke kam mir nie. Ich habe wohl hauptsächlich meine Ohren entspannt. Sie entkrampften sich. Sie wurden größer. Sie hatten nichts mehr zu befürchten. Proportional zur Größe meiner Ohren wurde mein Bauch wärmer und mein Körper weicher. Auch mit meinen Augen ging eine merkwürdige Verwandlung vor sich. Sie ruhten sich stundenlang auf der Kuppe einer Sanddüne aus und sahen den wechselnden Farben im Lauf der Sonne zu. Doch am meisten veränderte sich im Innenraum meines Kopfes. Der eingebaute Sekundenzeiger wurde entfernt und durch einen Tag- und Nachtzeiger ersetzt. Zeit als Erd-Atem, gedehnt bis zum Stillstand. Eine nie gekannte Ruhe nahm von mir Besitz. Ich schaute. Ich hatte keine Angst mehr. Weil es so leise war und so groß. Weil man weder mit den Augen noch mit den Ohren noch mit der Seele irgendwo anstieß.

Eines Tages hörte ich ein mir unbekanntes Geräusch. Erst dachte ich an kleine Tiere, Insekten vielleicht, die durch den Sand laufen. Dann stellte ich fest, dass ich es immer hörte, wenn ich den Kopf wandte, einen Arm hob oder mich sonst bewegte. Es waren meine Halswirbel, es war die Bewegung meiner Gelenke, die ich da hörte!

Sonne und Sand blieben lautlos. Ab und zu stöhnten die Balken der Hütte, sogen die Hitze ein, öffneten ihre

Poren. Abends knisterten sie, wenn sie sich wieder zusammenzogen.

Unter der großen Geborgenheit des Himmels machte ich mich am zehnten Tag auf. Hohe Wanderschuhe an den Füßen (wegen der Schlangen), Wasserflasche im Rucksack, Leinenmütze auf dem Kopf. Immer schön umgucken, nicht die Hütte aus den Augen verlieren! Eigenartig dieses Rieseln, wenn meine groben Schuhe den goldroten Sand berühren und ihn zur Seite schieben. Tiefes Einsinken. Zeitlupengehen. Die Schlangenlöcher sind gut erkennbar. Ich umrunde sie. Was Hedwig immer von Schlangen redet. Ich habe noch nicht eine gesehen. Sie meint, hier gäbe es sogar Vipern, deren Biss in wenigen Minuten zum Tod führt. Skorpione sind mir viel unheimlicher. Jedes Kleidungsstück muss man ausschütteln, bevor man hineinschlüpft, besonders die Schuhe, sie verstecken sich nachts gern darin. Wachsam betrachte ich den Boden. Ich möchte allein sein mit diesem Wunder, ganz allein. Hedwig ist heute in der Hütte geblieben.

Dann das Geräusch. Noch ehe ich denken kann, habe ich eine Gänsehaut und mir stehen die Haare zu Berge. Ich habe noch nicht begriffen, versuche, das sandige Reiben zuzuordnen, da sehe ich sie. Knapp einen Meter von mir entfernt. Sie ist zirka siebzig Zentimeter lang, leuchtend gelb und sehr dünn. Sie hebt den Kopf und schaut mich an. Ich erstarre. Der Angstschweiß bricht mir aus. Ich rühre mich nicht. Die Schlange rührt sich auch nicht. Sie liegt da, im Sand, mit erhobenem Vorderteil, ihr Körper ist eine einzige gespannte

Aufmerksamkeit. Mein Kopf ist leer. Ich stehe, so still ich kann, wage nicht, einen Schritt vor oder zurück zu gehen. Ich weiß nichts, gar nichts von Schlangen! Warum habe ich nie etwas darüber gelesen? Nur nicht bewegen. Ich verliere das Zeitgefühl. Stehe ich eine Stunde so? Zwei? Meine Lippen spannen sich, meine Zunge fühlt sich an wie Sandpapier. Was denkt eine Schlange? Beißt sie ohne Grund? Braucht sie einen Anlass? Und vor allem: Würde ich es dann noch bis zur Hütte schaffen? Ich entschuldige mich im Geiste bei allen, denen ich etwas schuldig geblieben bin. Im Grunde hatte ich ein gutes Leben. Manche werden nicht so alt. Ich denke an meine Kinder. Gott sei Dank sind sie erwachsen.

Ein Stillleben im Wüstensand. Zwei reglose Kreaturen. Glühende Mittagssonne. Mein Körper wirft keinen Schatten mehr. Ich schließe die Augen. Lange kann ich nicht mehr stehen. Meine Beine zittern vor Schwäche. Ich kann nicht mehr schlucken.

Und auf einmal verlässt mich die Angst. Geht einfach weg, und ich bin angefüllt mit Dankbarkeit von oben bis unten. Mit Dankbarkeit für mein prallvolles Leben, so reich an Liebe und Freude. Ja, ich bin einverstanden, zu gehen, wenn es denn sein soll.

In diesem Moment rührt sie sich. Langsam wendet die Schlange ihre Augen von mir ab, dreht den Kopf und lässt ihn im Zeitlupentempo Richtung Boden sinken. Wie eine kleine Welle gleitet sie lautlos davon.

Wie ich zur Hütte kam, weiß ich nicht mehr.

Heute brauche ich, egal, wo ich bin, nur die Augen zu schließen, und alles ist wieder da: Die Stille und die Dankbarkeit. Die Hitze und der Duft. Der Himmel und der Sand. In der Unendlichkeit der Wüste bin ich klein. Und mit mir meine Angst. Das trägt mich.

Die Orgel

Nur beim ersten Mal darf ich mit hinauf. Die hölzerne Treppe hoch. Ohne Geländer. Vorbei an Spinnweben und Glockenseilen. Bis zur Empore. Dort zeigt sie mir die Orgel. Die Königin der Instrumente, sagt sie. Sie erklärt mir die Pfeifen, Register, Manuale, Hebel und Pedale. Über der Orgel ist der Glockenturm. Die vielen großen Pfeifen, eine neben der anderen, scheinen bis in seine Spitze hineinzureichen. Der Blasebalg ist ein Urzeitdrache aus braunem Leder und macht einen gewaltigen Sturm, wenn sie ihn in Gang setzt. Die Manuale verblüffen mich. Bisher kannte ich nur das Klavier bei uns zu Hause, mit seinen Tasten aus Elfenbein. Hier sind es gleich drei Tastaturen für die Hände und noch zwei für die Füße! Die Register sind aus polierten Holzstäben, am Griff mit schwarzem Samt überzogen. Sie quietschen, wenn man an ihnen zieht. Die Organistenbank ist abgewetzt, breit, es könnten gut fünf Kinder darauf sitzen. Aber nur sie, nur meine Schwester darf darauf Platz nehmen. Weil sie eine Künstlerin ist. Weil sie Orgel spielen kann. Dabei ist sie gerade einmal dreizehn. Drei Jahre älter als ich.

Sie ist meine Heldin. Wenn sie sagt, sie geht üben, will ich immer mit. Der Schlüssel, den sie vom Küster holt, ist riesig, aus Eisen und größer als mein Unterarm. Sie trägt ihn mit Stolz. Sie schließt die Kirche auf, wir gehen hinein, sie schließt wieder zu. Nun kümmert sie sich nicht mehr um mich. Allein steigt sie die Treppe zur Orgel hinauf. Ich setze mich unten auf eine Kirchenbank, reibe die Hände aneinander, sehe zum farbigen Fenster hinauf und warte. Es ist eiskalt in der Kirche, egal, zu welcher Jahreszeit. Die Kälte kriecht vom Boden aus durch die Schuhe, in die Füße, die Beine hinauf, bis in den Bauch.

Zuerst höre ich, wie sie die Holztüren zur Klaviatur öffnet. Dann zieht sie die ersten Register. Sie quietschen. Die samtbespannten Griffe ploppen an ihre Umhüllungen. Langsam, als käme er direkt aus der Erde, kriecht der erste Ton heran. Er schleicht das Gewölbe herunter, packt mich und vibriert in meinen Knochen. Das ist die größte, tiefste Pfeife. Die man mit den Füßen bedient.

Und jetzt geht es los. Kaskaden von Tönen. Himmelblau und Gold. Giftgrün und Silbern. Golden und Rot. Rasend hämmert sie auf die Tasten, gierig, besessen, ihre Finger fliegen, sie wird eins mit dem Instrument, kämpft mit dem Drachen, ist nur noch Musik, fällt auf den Grund aller Töne, tastet an das Göttliche in ihnen.

Ich sitze unten. Allein. Im Dämmerlicht farbiger Fenster, auf meiner harten, eichenen Bank. Und ihre Musik, ihr Jubelgesang, ihre Verzweiflungsschreie, ihr Sturm brausen in mir. Sie reißen mich aus allem, was ich bin. Was sie dort oben hervorbringt, ist so jenseits des Vertrauten, dass Angst und Ehrfurcht sich in mir zu einem mischen. Sie spielt. Nur für sich, nur für mich, nur für Gott. Und sie lehrt mich etwas, höher als alle Musik. Genuss und Leid ist das, Grauen und Krieg,

Liebe und Engelsgesang. Ihre Töne durchfluten mich, Tränen laufen mir über die Wangen, meine Welt wird in Stücke gehauen, alles ist falsch, viel zu klein gedacht, die Regeln müssen gebrochen werden, das Leben ist mehr als Sonntagskuchen und das Auswendiglernen des Vaterunsers. Sie jagt ihr Staccato durch das Gewölbe, die Empore hinauf und hinunter, peitscht ein Dröhnen durch Himmel und Hölle, bringt die hohen Fenster zum Zittern, braust mit den Orgelpfeifen durch Galaxien, zerlegt Altar, Taufstein und mich armselige Zuhörerin in Atome und lehrt mich das Grausen. Meine Welt birst an Silberklängen. Sand rieselt aus Mauern. Jahrhunderte ziehen vorbei. Das Glas der Fenster funkelt.

Stille.

Die letzten Akkorde stehen in der Luft. Ich höre sie noch, obwohl sie schon weg sind. Langsam versickern sie in mir. Mein Herz ist nahe daran zu zerreißen. Ich rühre mich nicht. Erst in der Stille wird die Musik ganz. Erst in der Stille kann alles, was in mir durcheinandergeraten ist, wieder zu sich kommen. Hier auf der Kirchenbank begreife ich es: Jede Bewegung braucht ihre Ruhe. Jeder Ton seinen Ausklang. Alles wird vollständig durch sein Gegenteil.

Vom Ziegelboden unter meinen Füßen bis hinauf zum sternbemalten Gewölbe wartet das Schweigen. Es wartet mütterlich. Es wartet unendlich geduldig, bis mein Herz seinen Schlag wiedergefunden hat.

Die himmlische Bibliothek

Glühend beneidete ich meine ältere Schwester, die es schon konnte. Die es abends tat, heimlich, mit der Taschenlampe unterm Deckbett. Lesen! Oh, wie wunderbar musste es sein, das zu können. Ich war erst fünf. Einzelne Buchstaben entzifferte ich schon, aber für Wörter reichte es noch nicht, ganz zu schweigen von Sätzen. Halbe Nächte lag ich wach und zerbrach mir den Kopf, wie ich es anstellen könnte, bald lesen zu lernen. Könnte ich es, bräuchte ich nur noch eine Taschenlampe. Dann hätte ich es genauso gut wie meine Schwester.

Machte sie Schularbeiten, schaute ich ihr begierig über die Schulter. Ich sah mir das Wirrwarr von Strichen in ihrem Heft an. Ich fragte, wie dieses Wort hieße und wie jenes, was das für ein Buchstabe sei, warum jener Punkte auf dem Kopf habe, bis sie, die Nase voll von meiner Aufdringlichkeit, mich wegscheuchte.

Diese Ungeduld! Ein Jahr lang sollte ich noch warten, bis sich mir das Geheimnis dieser Zeichen erschließen würde? Das fand ich ungerecht, liebte ich doch Geschichten so innig und kannte die meisten Märchen auswendig. Unsere Wohnung war voller Bücher, und stets musste ich mich damit zufriedengeben, dass jemand sich erbarmte, mir daraus vorzulesen. Und wenn ich mir eines nach dem Umschlagbild aussuchte, das

Abenteuer und Spannung versprach, hieß es gar, dafür sei ich noch zu klein! Wenn ich erst lesen könnte, würde ich mir jedes Buch aus dem Regal nehmen, das ich wollte. Jedes! Wer hatte sich nur ausgedacht, Kindern die Schule erst mit sechs zu erlauben? Bestimmt irgendein geiziger Erwachsener, der seine Bücher für sich allein haben wollte.

Mir schien damals, als gäbe es nur zwei Sorten von Menschen: Die, die schon lesen konnten, und die, die es noch nicht konnten. Auf jeden Fall war die Welt der ersten größer. Überall war ja Schrift! Plakate, Ankündigungen, Zeitungen – und eben Bücher. Mitunter fand ich diesen Zustand so quälend, dass ich mich in der Stadt einfach vor ein Plakat stellte und es anstarrte, damit die Leute denken sollten, ich lese, ich gehöre schon dazu.

Nachdem meine Mutter uns gute Nacht gesagt und das Licht gelöscht hatte, verschwand meine Schwester unter ihrem Deckbett. Ich hörte das Knipsen der Taschenlampe und das Rascheln der Buchseiten, und meine Eifersucht kannte keine Grenzen. Wenigstens sollte sie mir erzählen, was sie las, wenn sie es schon nicht vorlas. Ich bettelte. Doch sie reagierte nicht. Sie war woanders. Den Zauber fremder Welten, in den sie eintauchte, spürte ich deutlich. Im Dunkel des Raumes konnte ich ihn fast mit Händen greifen. Diese Stille. Diese Ruhe, die sich um ihr Bett herum ausbreitete. Mir war, als müssten die Abenteuer aus ihrem Buch durch die Luft schweben.

Einmal beschloss ich, etwas auszuprobieren. Ich kniff die Augen zusammen und versuchte zu erraten, was sie las. Ich versuchte, die Sätze, die ihre Lippen im Stillen formten, an mich zu ziehen. Das war schwerer als gedacht. Ich konzentrierte mich derart, dass ich Kopfschmerzen bekam, aber die Geschichte ließ sich nicht einfangen. Ich hatte das Buch gesehen, das sie unters Deckbett geschoben hatte. Ein Mann auf einem Pferd war darauf gewesen, stolz, mit wehendem rotem Mantel. Er ritt durch einen Wald. Vielleicht ein Prinz? Ich stellte mir das Bild genau vor.

Der Prinz, der Mantel, das Pferd, der Wald. Das Pferd ist braun und hat eine goldene Mähne. Der Prinz atmet schwer. Zweige schlagen ihm ins Gesicht. Licht fällt auf grünes Moos. Die Hufe des Pferdes donnern. Äste knacken. Eichhörnchen springen davon. Der Prinz gibt dem Pferd die Sporen. Es riecht nach Wald, Moos und Pilzen, ein Fuchs äugt durchs Unterholz. Der Fuchs kommt auch in der Geschichte vor, bestimmt ist er verzaubert, ist gar kein richtiger Fuchs. Jetzt hat der Prinz sein Ziel erreicht, springt vom Pferd, Schweiß läuft seine Stirn herunter. Er kommt beim Schloss an. Das ist weiß und golden. Der Prinz läuft über einen Hof. Menschen kommen ihm entgegen, rufen ihm aufgeregt etwas zu. Seine Schwester, die Prinzessin, sei verschwunden! Entführt! Der böse Zauberer habe sie geholt! Den muss der Prinz nun finden, um seine Schwester befreien zu können. Die Menschen haben Körbe in den Händen, mit Essen drin, alles ist vorbereitet für die gefährliche Reise, er muss das Abenteuer bestehen, die Prinzessin retten …

Und mit einem Mal steht mir die ganze Geschichte vor Augen. Von Anfang bis Ende. Ich sehe die Köchinnen, die Diener, König, Königin, den Prinzen, wie er sich wieder auf den Weg macht, die gelben Kornfelder, an denen er vorbeireitet, die Bäume, den Fuchs, der ihm nachläuft. Ich sehe den Zauberer und die Prinzessin in einem dunklen Verließ sitzen, weiß, wie der Prinz es schaffen wird, weiß, dass er am Ende siegt und welche Belohnung er von seinem Vater bekommt.

Ich explodiere beinahe vor Freude. Auf der Stelle könnte ich herumhüpfen! Ich kann Geschichten erlauschen, die andere lesen! Ich kann es! Genüsslich spiele ich alles noch einmal durch, sehe, wie der Fuchs, der übrigens sprechen kann, zum Freund des Prinzen wird, wie er ihm hilft, freue mich über die Prinzessinnenbefreiung, bin Gast auf dem Fest im Schloss, sehe die Prinzessin neben ihrer Mutter sitzen und bin so glücklich wie sie. Das werde ich am nächsten Tag meiner Schwester erzählen. Die wird Augen machen!

Als ich ihr beim Frühstück sage, ich wisse, was in dem Buch steht, das sie abends gelesen hat, glaubt sie mir nicht. Ich erzähle die Geschichte. Sie guckt mich verdutzt an und behauptet, ich würde mich irren. In der Geschichte seien weder Fuchs noch Prinz vorgekommen. Das hätte ich mir ausgedacht. Ich protestiere. Ich habe mir die Geschichte nicht ausgedacht! Ich habe sie aus der Luft gepflückt. Weil sie schon da war. In ihrem Buch.

Doch tagsüber kommen mir Zweifel. Meine Schwester hatte überzeugend geklungen. Sogar das Buch hatte sie geholt und mir ein paar Sätze daraus vorgelesen, die wirklich nichts mit meiner Geschichte zu tun hatten. Woher war meine Geschichte gekommen? Aus der Luft. Konnte es sein, dass die Luft voller Geschichten war? Vielleicht waren da noch mehr? Das musste ich herausfinden.

Am kommenden Abend probierte ich es wieder, dachte aber nun nicht an das Buch meiner Schwester, sondern versuchte, einzufangen, was um mich war. Ich machte die Augen zu und wartete. Eine Weile passierte nichts. Ich lauschte neugierig. Und tatsächlich! Nach und nach kamen Bilder, setzten sich zusammen und schließlich wurde eine Geschichte daraus! Ich war so aufgeregt! Ob vor mir schon jemand herausgefunden hatte, dass überall Geschichten sind?

Von nun an tat ich es jeden Abend. Genau genommen machte ich nun dasselbe wie meine Schwester, nur ohne Buch. Kaum war es dunkel, schloss ich die Augen, konzentrierte mich und wartete. Am besten funktionierte es, wenn ich so müde war, dass sich Wachen und Schlafen schon ein wenig vermischten. Dann kamen die Bilder ganz leicht, wurden bunt und lebendig und erzählten mir etwas. Ich musste nur darauf achten, dass ich sie nicht störte, nicht selbst dachte, sie nur kommen ließ. Es war wie ein Rausch, es war einfach herrlich. Oft schlief ich über einem Abenteuer ein, wusste aber am nächsten Tag noch, wo es aufgehört hatte, und konnte dort weitermachen. Welch ein Geschenk! Endlich hatte ich Geschichten, so viel ich wollte. Die Welt war voll davon. Niemand konnte sie mir verbieten, niemand sagen, ich sei dafür noch zu klein! Einen Schatz hatte ich entdeckt, aus eigener Kraft. Eine himmlische Bibliothek, aus der ich mich einfach bedienen durfte!

Zuckerkuchen

Es gibt Menschen, die können einen zur Weißglut treiben. Oft begreift man erst später, dass sie für die eigene Entwicklung wichtig waren. Solch ein Mensch war Volker.

Mit Mitte dreißig arbeite ich als Sozialarbeiterin in einem Beratungszentrum für Arbeitslose. Es ist die Zeit der auf ein Jahr befristeten ABM-Stellen. Wie der Name schon sagt: Arbeitsbeschaffungsmaßnahmen, die durchaus um ihrer selbst willen geschaffen werden, mit dem Ziel, die Statistik aufzuhübschen. Die Räume des Beratungszentrums liegen weitab öffentlicher Verkehrswege, kein Mensch kommt dort zufällig vorbei, niemand weiß von unserem Angebot. Meine Kollegin und ich mühen uns redlich, potenzielle Klienten einzuladen. Wir haben große Pläne. Papierberge türmen sich auf unseren Schreibtischen. Schließlich müssen wir etwas tun für unser Geld.

Eines Morgens geht die Tür auf. Ein Mann kommt herein. Er ist Mitte vierzig, trägt ein Kuchenpaket und sagte Hallo. Wir halten ihn für einen ratsuchenden Arbeitslosen und fragen ihn nach seinen Problemen. Er lächelt, stellt den Kuchen ab, sagt, er habe keine Probleme, er heiße Volker und sei der neue Kollege.

Volker ist studierter Politologe. Er erzählt, dass er in seiner Freizeit psychedelische Ölbilder male, Ausstellungen organisiere, fotografiere, Gitarre spiele, leidenschaftlich koche und lese. Literarisch interessiere er sich für klassische Literatur, Politik, Geschichte, japanische Comics, alles über die Abschaffung des Geldes und buddhistische Meditationstechniken. Wie das zu unserer Arbeitsstelle passt, verstehe ich nicht. Vermutlich hat er im Jobcenter den Eindruck hinterlassen, er könne alles. So jemand ist er. Sehr selbstbewusst. Wir essen den Zuckerkuchen, plaudern, und ich merke, dass ich den Neuen sympathisch finde. Meine Kollegin erzählt ihm, was wir hier tun. Sie als Juristin macht die Rechtsberatung, ich bin für den sozialen Part zuständig. Momentan versuchen wir, zur Einzelberatung noch Gesprächskreise für Langzeit-Arbeitslose ins Leben zu rufen und uns mit anderen Beratungsstellen zu vernetzen. Wir sind überzeugt, etwas Sinnvolles zu tun. Wir wollen eine Lobby für Arbeitslose sein. Das Einzige, was noch fehlt, sind die Arbeitslosen, die unser Angebot annehmen.

Volker hört zu. Dann sagt er, weil er ein ehrlicher Mensch sei, wolle er uns gleich reinen Wein einschenken. Er sei nicht geeignet für diese Stelle. Wir beeilen uns, ihm zu versichern, dass er sich bestimmt rasch einfindet. Nein, meint er, darum gehe es nicht. Er wolle wissen, ob wir, auch wenn er nichts täte, mit ihm vorliebnehmen würden. Wir halten das für einen Witz und sagen Ja.

Na, dann wollen wir mal, erwidert er, kocht einen großen Topf Kaffee, setzt sich an seinen Schreibtisch, holt einen Wälzer aus der Aktentasche, legt die Beine hoch, schlägt das Buch auf und beginnt zu lesen.

Sehr komisch, denke ich. Humor hat er.

Zwei Stunden später sitzt er noch genauso. Ich frage mich, ob er uns provozieren will. Ab und zu nippt er am Kaffee oder schlägt eine Seite um. Ansonsten scheint es ihm gut zu gehen. Er ist er ins Buch versunken. Meine Kollegin guckt zu mir rüber. Ich hebe die Schultern.

Mittags fragt er, ob er etwas kochen soll. Er geht einkaufen, verschwindet in der Küche, und kurz darauf duftet es nach Currygemüse. Nein, beim gemeinsamen Essen fragen wir ihn nicht nach seinem Verhalten. Wir warten, ob er von selbst etwas sagt. Das tut er nicht. Stattdessen räumt er die Küche auf und wäscht ab. Danach liest er weiter. Bis zum Feierabend.

Am nächsten Morgen bringt er Blumen mit, einen Strauß Anemonen für jeden. Er fragt, ob wir gut geschlafen hätten, kocht Kaffee, setzt sich, holt das Buch aus der Schublade, legt die Beine hoch und liest.

Das finde ich nun doch ein starkes Stück. Gereizt frage ich ihn, was er denn so aufmerksam lese. Sofort schildert er mir den Anfang des Romans, schwärmt vom Stil des Autors, lässt sich über die politischen Zusammenhänge in der Zeit der Weimarer Republik aus, erzählt, was dieser Autor sich getraut habe.

Mittags kocht er wieder. Dann liest er. Wenn man ihn anspricht, steckt er einen Finger ins Buch und ist gesprächsbereit. Er steuert Ideen zur Plakatgestaltung ebenso bei wie Tipps für Förderanträge, wenn wir ihn darum bitten. Ist das Gespräch beendet, macht er es sich gemütlich und schlägt wieder sein Buch auf. Dass wir die ganze Zeit arbeiten, stört ihn nicht.

Am dritten Tag reicht es mir. Ob er für sein Geld mal etwas tun wolle, frage ich. Volker guckt erstaunt. Aber er habe uns doch gleich gesagt, dass er nicht arbeiten würde, meint er. Wir wären doch damit einverstanden gewesen?

»Das ist nicht dein Ernst!«, fahre ich ihn an. »Du willst hier ein Jahr lesen und dafür bezahlt werden?« Er versteht meine Aufregung nicht. Nun, malen ginge ja nicht, entgegnet er, für die Staffelei sei der Raum zu klein. Und wenn er Gitarre übe, würde uns das sicher stören, das wäre unhöflich.

Ich schnappe nach Luft. »Du lässt uns alles alleine machen! Was fällt dir ein? Du bekommst Gehalt!« Ich baue mich vor seinem Schreibtisch auf, bereit, ihm ins Gesicht zu springen. Das eben sei der Punkt, gibt er höflich zurück. Das Geld, das er für diese Stelle bekomme, sei leider so wenig, das reiche gerade, um dafür herzukommen und sich hier aufzuhalten. »Warum hast du den Vertrag dann unterschrieben?«, will ich wissen. »Musste ich«, sagt er. »Zwei ABM-Stellen hatte ich schon abgelehnt, die genauso schlecht bezahlt waren. Hätte ich diese abgelehnt, hätten sie mir das Geld gekürzt. Das geht nicht. Ich habe Verantwortung, ich bin Vater.«

Nun entspinnt sich ein Streit über den Sinn und Unsinn von Arbeitsbeschaffungsmaßnahmen, in den sich auch meine Kollegin einklinkt. Sie ist genauso unzufrieden wie ich, nicht nur wegen der schlechten Bezahlung. Uns ist klar, dass alles, was wir hier im Laufe von zwölf Monaten aufbauen, am Ende, wenn die Maßnahme ausläuft, vorbei ist. Dass unsere Stellen nicht etwa geschaffen wurden, weil man unsere Arbeit schätzt, sondern einzig der Statistik wegen. Genausogut könnten wir Tüten kleben. Bei dieser Diskussion wird mir klar, dass Volker aufrichtiger ist als wir. Er lehnt es ab, sich etwas schönzureden. Er tut nicht als ob. Obwohl er wie ein Traumtänzer wirkt, ist er Realist. Er liebt die Idee, jedem Menschen einen Grundbetrag auszuzahlen, von dem er leben kann, ohne Schikanen und Formulare. Er stellt Fragen wie: »Was würdet ihr für Geld nicht tun?« Oder: »Findet ihr, dass die Arbeitslosen versagt haben, weil sie arbeitslos sind?« Oder: »Was ist für euch eigentlich Geld?«

Stets hatte ich mich kopfüber in meine Arbeit gestürzt. Hatte alles gegeben und mich nie gefragt, was eine angemessene Bezahlung wäre. Volker fragt das. Er konfrontiert mich mit meiner Selbstausbeutung. Das ist unangenehm. Er kümmert sich um sein Wohlbefinden, nimmt sich Zeit, ist freundlich, verbreitet gute Laune, bekocht uns und bringt Blumen mit. Trotzdem kann ich es schwer aushalten, dass er voller Überzeugung nichts tut und angesichts seiner Faulheit kein schlechtes Gewissen hat.

Bis zum Ende des gemeinsamen Jahres liest Volker an seinem Schreibtisch mindestens fünfzig Bücher, zitiert Marx, Engels, Beuys, Hesse, Kafka und die APO und bringt mein Verständnis von sinnvoller menschlicher Tätigkeit gründlich durcheinander. Heute weiß ich, dieses Jahr war eines der interessantesten und absurdesten, die ich je auf einer Arbeitsstelle verbrachte. Ein

Jahr, in dem ich viel über mich lernte. Zum Beispiel, wie wichtig es ist, dass ich meine Arbeit selbst wertschätze und für mein eigenes Wohlbefinden sorge.

Dafür bin ich Volker dankbar. Und natürlich für die schönen Blumen, die er uns so oft mitbrachte. Und den leckeren Zuckerkuchen.

WAS BRAUCHST DU?

Was brauchst du? Gib es dir
Was hast du? Schenk es her
Was wünschst du? Tu es jetzt
Dann wird dein Herz nicht leer

In dir ist, was du bist
In dir ist, was du willst
Sieh, dass du für dich sorgst
Und deine Sehnsucht stillst

Die Endhaltestelle

Alles begann an einem Freitag im August. Diesen Tag werde ich nie vergessen. Damals war ich noch Sozialarbeiterin. Ich hatte Feierabend. Auf dem Weg nach Hause lief ich in einen Supermarkt, um einzukaufen. Meinen Kindern hatte ich gesagt, ich wäre gegen halb sieben zu Hause. Es war um sechs. Von vier Kassen war eine besetzt. Ungeduldig schob ich meinen vollen Einkaufswagen Zentimeter für Zentimeter in der Schlange vorwärts. Als ich endlich dran war und mein Portemonnaie aus dem Rucksack nehmen wollte, konnte ich es nicht finden. Wie wild durchwühlte ich den Rucksack. Im Portemonnaie waren die Fahrkarten, sämtliche Ausweise, das Geld, einfach alles! War es mir gestohlen worden? Hatte ich es irgendwo liegen lassen? Die Leute schimpften. Ich schämte mich. Ich wühlte hektischer. Die Kassiererin, eine junge türkische Frau, sagte: »Suchen Sie in Ruhe.« In Ruhe! Die hat gut reden, dachte ich. Ich habe keine Zeit! Meine Kinder warten!

Die Kassiererin lächelte. Dann bat sie ihre Kollegin, die zweite Kasse aufzumachen. Ich wäre vor Scham am liebsten im Boden versunken. Die Leute hinter mir wechselten an die Nachbarkasse. Nun stand ich allein vor dieser Frau, die im Gegensatz zu mir nicht im Mindesten nervös war. Sie saß da und wartete. Und während ich in die Tiefen meines Rucksacks kroch, sagte sie plötzlich: »Sie sehen erschöpft aus.«

Das war zu viel. Augenblicklich stiegen mir Tränen in die Augen. Ich wollte nicht weinen! Nicht jetzt und nicht hier! Was hatte sie gesagt? Erschöpft? Ich? Sie hatte gesagt, ich sähe erschöpft aus? Ich durfte nicht erschöpft sein! Was war mit mir los? Ich hatte doch schon Schlimmeres gestemmt in meinem Leben als verloren gegangene Portemonnaies! Seit ich denken konnte, hatte ich Arbeit für drei: den Job, die Kinder, den Haushalt und den ganzen verdammten Rest. Für alles war ich allein zuständig. Ich konnte schon lange nicht mehr. Aber diesen Gedanken durfte ich auf keinen Fall zulassen. Es gab niemanden, der sagte: Lass mal, ich mach das schon. Ich musste das alles schaffen, allein und jeden Tag. So war das. Kein Ende in Sicht. Die Frau hatte ja keine Ahnung! Ich biss die Zähne zusammen und grub im Rucksack, als gälte es das Leben. Da ertastete ich das Portemonnaie. Hastig zahlte ich, warf die Lebensmittel in den Wagen. Schob ihn zum Packtisch.

Und dann stand ich an diesem Packtisch. Mit dem vollen Einkaufswagen. Ich wollte die Sachen einpacken. Wollte gehen. Nach Hause. Doch etwas hatte sich verknotet. Ich funktionierte nicht mehr. Nicht einen Millimeter konnte ich mich rühren. Angestrengt versuchte ich, die Lebensmittel aus dem Wagen zu nehmen. Meine Hände verweigerten ihren Dienst. Entsetzen packte mich. Ich wollte mich zusammenreißen. Es ging nicht. Erschöpft? Ich? Ich war doch noch jung! Gerade 45! Ich sah mich selber dort stehen und konnte nicht begreifen, was geschah.

Und da stand er mir wieder vor Augen. Dieser furchtbare Traum, den ich in letzter Zeit so oft gehabt hatte: Ich laufe einer voll besetzten Straßenbahn hinterher. Ich muss sie unbedingt erreichen. An jeder Haltestelle sehe ich sie zum Stehen kommen. Sehe Leute ein- und aussteigen. Renne schneller. Hole auf. Erreiche die Bahn fast. Doch immer, wenn ich bis auf ein paar Schritte an sie heran bin, fährt sie weiter. Es ist entsetzlich. Wie sehr ich auch renne, ich kann die Tür nicht erreichen. Ich bin völlig außer Atem. Endlich bleibt sie etwas länger an einer Haltestelle stehen. Ich sehe meine Chance gekommen. Mit letzter Kraft hechte ich heran. Packe die Tür. Springe hinein. Endlich! Doch die Bahn bleibt stehen. Sie fährt nicht los. Ich schaue auf die Anzeige. Und lese: »Endhaltestelle. Hier nur Ausstieg.« Die Verzweiflung, die ich in diesem Moment empfinde, reißt mich jedes Mal aus dem Schlaf. Sie ist so groß, dass ich danach nie wieder einschlafen kann. Der Traum verfolgt mich in den Tag. Macht mich fertig. Ich weiß, dass etwas in meinem Leben ganz falsch ist. Aber ich weiß nicht, was.

Ich stand am Packtisch, neben mir der Einkaufswagen, und in meinem Kopf war nur ein Wort: Endhaltestelle. Ich verstand das Wort nicht. Ich konnte nichts damit anfangen. Ich betrachtete das Stück Butter, das ich in der Hand hielt. Wie war es in meine Hand gekommen? Wozu brauchte man Butter? Was hatte ich eingekauft? Der Boden wankte. Wurde ich verrückt? Das Piepen der Scanner, das Summen der Kassen, die Stimmen der Menschen, das grelle Licht, der Lärm, alles vermischte sich mit meiner Angst zu etwas Unüberwindbaren. Erst als mir jemand an die Schulter tippte und fragte »Alles in Ordnung?«, kam ich zu mir. Es war die junge Kassiererin. Sie stand vor mir und sah mich an. Ihr blaues Kopftuch hatte am Rand ein zartes goldenes Muster, das wunderbar zu ihren braunen Augen passte. Ja, sagte ich, alles in Ordnung, warf die Butter in den Rucksack, die Nudeln, das Brot, den Käse, die Milch und floh aus dem Laden.

Es war dunkel, als ich zu Hause ankam. Die Kinder hatten allein Abendbrot gegessen und anschließend gespielt. Der Boden war voller Spielzeug. Sie lagen in ihren Betten und schauten sich Bücher an. Es ging ihnen gut. In der Küche ließ ich den Rucksack fallen. Sagte meinen Kindern gute Nacht. Kippte ins Bett. Und schlief wie ein Stein.

Am nächsten Morgen hatte ich Fieber. Ich konnte kaum aufstehen. Der Arzt gab mir Antibiotika und schrieb mich für eine Woche krank. Aus einer Woche wurden vier, fünf, sechs. Mein Körper weigerte sich zu genesen. Ich schluckte Tabletten, ließ mich auf eigenen Wunsch gesundschreiben, arbeitete drei Tage und lag wieder flach. Wie aus dem Nichts tauchte eine Krankheit nach der anderen auf. Immer wenn ich dachte, es würde besser, kam das nächste. Gelenkschmerzen, Magenkrämpfe, Migräne, Hautausschläge ... Es ist erstaunlich, was ein Körper sich alles einfallen lassen kann. Ich wehrte mich. Selbst wenn ich Schmerzmittel nahm und trotz allem zur Arbeit ging, schaffte ich es nie länger als drei Tage. Ich wollte nicht versagen! Mein

Ich setzte sich aus Kraft, Leistung und Geschwindigkeit zusammen. Wenn all das wegfiel, gab es mich nicht mehr. So, wie ich vorher durchgehalten hatte, versuchte ich nun, krampfhaft gesund zu werden. Hilflos kämpfte ich gegen meine Schwäche an.

Erst nach einem Jahr, in dem ich kaum hatte arbeiten können, begriff ich, dass ich ein echtes Problem hatte. Schon lange vor dem Erlebnis im Supermarkt hatte ich alles nur noch mit letzter Kraft getan. Ich war zur Arbeit gegangen, hatte die Kinder versorgt, den Haushalt geschmissen, geplant, organisiert, durchgehalten, wie eine Maschine. Weil es eben gemacht werden musste. Weil es eben anlag. Erschöpfung war nicht vorgesehen. Und nun erfasste ich, dass es nicht mehr ums Durchhalten ging, sondern um mein Leben. Wenn ich daran nicht zerbrechen wollte, musste ich etwas tun, was ich noch nie getan hatte: Aufgeben.

Dann kam die Kur. Sechs Wochen. Und die Erkenntnis: Ich habe ein Burnout. Mein Immunsystem ist geschädigt. Jahrelang war ich über meine Grenzen gegangen, hatte alle Warnungen von Seele und Körper ignoriert. Nun kam die Rechnung. Während der Kur verstand ich auch den Straßenbahntraum. Er hatte mir schon länger zu sagen versucht, dass ich hinter etwas herrenne, das ich weder erreichen kann noch muss. Bleib stehen, hatte er gesagt. Du bist am Ende. Bleib endlich stehen.

Mir wurde klar, dass ich eine Entscheidung treffen musste.

Ich kündigte. Begab mich sehenden Auges in die Ungewissheit, mit aller Angst, die dazugehört. Angst vor Verarmung, Vereinsamung, Ausgrenzung. Es kam anders. Langsam kehrte ein Gefühl der Ruhe zurück. Ich konnte wieder schlafen. Fühlte wieder einen Zipfel Lebendigkeit. Konnte mich wieder freuen. Über meine Kinder. Über eine Blume. Ein nettes Wort. Das weiche Fell einer Katze. Ein Treffen mit Freunden. Trotzdem war ich ratlos. Ich musste erst lernen, mit meinem neuen Leben umzugehen. Ich suchte mir Hilfe. Es war wie laufen lernen. Wie macht man Pausen? Was tut mir gut? Wie tanke ich auf?

Das ist dreizehn Jahre her. Zwischen meinem Turboleben und meinem Schneckenleben lag der Crash. Als ich in meinem rasenden Kettenkarussell zum ersten Mal die Augen aufmachte, war da gleich die Wand, gegen die ich flog. Die ruckelnden Ketten waren gerissen, der Sitz zum Schleudersitz geworden. Ungebremst war ich gegen die Mauer geknallt. Ich wünsche es keinem.

Seitdem habe ich mich oft gefragt, ob ich diesen Sturz hätte verhindern können. Ich glaube nicht. Leistung galt etwas. Ich war eine sogenannte Powerfrau gewesen. War dafür anerkannt worden. Wie hätte ich auf die Idee kommen sollen, dass etwas falsch lief? Diejenigen, die nicht so viel schafften, waren für mich Faulenzer und Versager. Zu denen wollte ich nicht gehören. Kurz: Ich war voller Vorurteile gewesen. Ich hatte die menschenverachtende Leistungsorientierung und Turbo-Geschwindigkeit unserer Gesellschaft verinnerlicht und schlicht kein Lebenskonzept als langsamer Mensch.

Mittlerweile habe ich herausgefunden, dass ein Teil von mir sogar sehr langsam ist. Dieser Teil handelt intuitiv, findet Anstrengung unnötig und weiß, dass mir alles, was ich wirklich brauche, geschenkt wird. Und es gibt den anderen Teil. Der etwas leisten will. Der glaubt, es nicht wert zu sein und sich Zuneigung durch Anstrengung herbeizwingen zu müssen. Auch dieser Teil gehört zu mir. Er hält sich hartnäckig.

Es ist zwar ernüchternd, dass ich zwei so unterschiedliche Seiten in mir habe. Aber immerhin kenne ich sie jetzt und kann nun endlich selbst entscheiden, welche der beiden mein Handeln bestimmt.

Backpflaumensuppe

Ich bin drei und sitze in meinem Stühlchen. Vor mir steht eine Tasse mit grünen Blumen. Das ist meine Lieblingstasse. In der Tasse ist Milch. Tante Frieda hat die Milch für mich warm gemacht, sie in die Tasse gegossen und drauf gepustet.

Jetzt steht Tante Frieda an der Kochmaschine. Sie steht mit dem Rücken zu mir und rührt mit der großen Holzkelle im Topf. Um die Kochmaschine herum ist die Küchenwand schwarz. Das kommt vom Feuer. Durch die Ritzen des Feuerloches flackert es, rot und gelb und blau. Ich mag das Feuer. Ich mag es, wenn Tante Frieda das Feuerloch aufmacht, um neues Holz aufzulegen. Dann fliegen goldene Sterne heraus und sausen durch die Luft.

Tante Frieda ist dünn. Ihr Haar ist grau. Sie hat einen schwarzen Rock an. Unter ihrer blauen Strickjacke sehe ich den Buckel. Sie hat gesagt, das tut nicht weh. Das ist gut. Ich will nicht, dass ihr etwas wehtut.

Sie rührt in der Suppe und singt: »Ich war mal auf dem Dorfe, da gab es einen Sturm, da zankten sich fünf Hühnerchen um einen Regenwurm ...«

Tante Frieda ist alt wie ein Stein. Ich liebe sie, weil sie so schöne Augen hat und weil sie so schön singt. Weil sie für mich singt. Weil sie dasselbe Lied immer wieder singt. Nie wird sie müde. Sie kann den ganzen Tag singen.

»Und als kein Wurm mehr war zu sehn, da sagten alle Piep, da hatten die fünf Hühnerchen einander wieder lieb.«

Ihr Lachen hüpft durch die Luft. Tante Frieda rührt und singt und rührt und singt. Alles dreht sich im Kreis. Alles tanzt. Es duftet nach Suppe. Die Küche ist voller Lieder. Sie wiegt sich vor und zurück, und die Suppe blubbert, und sie wirft Backpflaumen in den Topf. Gleich wird mir ganz süß im Mund.

Ich trinke Milch. Im Kreis dreht sich der große Holzlöffel, und im Kreis wandert die Suppe, und im Kreis geht das Lied vom Dorf und den Hühnern und dem Regenwurm, der sich zum Glück retten konnte. Ich rühre mit dem Finger in der Milch. Jetzt geht sie auch im Kreis.

Ich trinke. Von der Milch wird mir warm im Bauch.

Ich sehe zu, wie Tante Frieda die Klöße in die Suppe schiebt. Ich bin so gern mit ihr in der Küche.

Sie legt den Deckel auf den Topf. Dann dreht sie sich um und guckt mich an. Ihre Augen lachen. Nur sie hat solche warmen Augen, die wie Sterne aussehen. Ihre Stimme ist auch warm. Tante Frieda schimpft nie, auch nicht, wenn ich hinfalle oder etwas kaputt mache. Auch nicht, wenn ich mich zu langsam anziehe. Sie wartet, bis ich fertig bin. Bei ihr kann ich alles langsam machen. Sie hat mich lieb.

Jetzt kommt sie zu mir. Sie hebt mich hoch und nimmt mich auf den Arm. Ich freue mich. Ich kuschle mich bei ihr ein und bohre meine Nase in ihre Jacke. Ganz tief.

Die Bank

Zu meinem 55. Geburtstag machte ich mir selbst ein Geschenk. Ich fuhr in das Dorf, in dem ich die ersten drei Lebensjahre verbracht hatte. Seit meine Familie von dort weggezogen war, war ich nicht mehr dort gewesen. Ich wollte mich an das Dorf erinnern. Ich wollte wissen, wo ich herkomme. Ich dachte: Bestimmt sehe ich dort ein Haus oder einen Stein oder einen Baum, und meine Erinnerung erwacht. Vielleicht treffe ich sogar noch jemanden, der meine Eltern oder Großeltern kannte und mir etwas über meine Familie erzählen kann.

Da in dieses Dorf kein Bus fuhr, ließ ich mich vom Bahnhof der nächstgelegenen Kleinstadt mit dem Taxi hinbringen. Es kostete zweiundzwanzig Euro. Ich gab dem Fahrer dreißig und bat, er möge mich am Ortseingangsschild rauslassen und mich in vier Stunden wieder genau dort abholen.

Neugierig stieg ich aus dem Auto. Das Taxi fuhr ab.

Fünf Minuten später war ich vom Ortseingangsschild bis zum Ortsausgangsschild gegangen. Das Dorf war zu Ende. Es war ein sehr kleines Dorf. Das hatte ich nicht gewusst. In der Mitte gab es eine Straße, rechts und links standen ein paar Häuser. Höchstens dreißig. Das war's. Also bestenfalls hundert Einwohner. In der Dorfmitte machte die Straße einen Schlenker um einen Tümpel mit Entengrütze. Neben diesem Tümpel blühte eine unscheinbare Wiese, auf der alte Backsteine und ein Haufen zerbrochener Ziegel lagen. Hatte dort früher etwas gestanden? Ich wusste es nicht. In meinem Fotoalbum hatte ich kein Bild des Dorfes gefunden und in meinem Kopf auch nicht.

Die Kleinheit des Dorfes erschütterte mich. Ich stand am Ortsausgangsschild, sah auf die Getreidefelder, auf die Uhr, auf die Getreidefelder. Fünf Minuten! Was bitte sollte ich mit den restlichen drei Stunden und fünfundfünfzig Minuten anfangen?

Ich ging noch einmal durchs Dorf. In die andere Richtung. Langsamer als das erste Mal. So langsam, wie ich konnte. Diesmal brauchte ich bis zum Ortseingangsschild acht Minuten. Menschen traf ich keine. Entweder hielten sie sich still in ihren Häusern auf, oder sie schliefen alle noch, oder sie waren in der Stadt zur Arbeit. Die Straße jedenfalls war leer. Autos kamen auch keine vorbei.

Ich war allein mit dem Dorf. Und erinnerte mich an rein gar nichts. Natürlich gab es weder ein Café noch eine Kneipe noch irgendeinen anderen Laden, in dem ich mit jemandem ins Gespräch hätte kommen können. Groll stieg in mir auf. Ich nahm es dem Ort übel, dass er sich, obwohl ich in ihm geboren worden war, so erinnerungslos benahm.

Wieder sah ich zur Uhr. Selbst wenn es mir gelingen würde, den Weg vom Ortseingangschild zum Ortsausgangsschild auf zehn Minuten zu strecken, hätte ich ihn noch dreiundzwanzigmal zurücklegen müssen, bis das Taxi käme. Was hatte mich geritten, vier Stunden zu sagen?

Niedergeschlagen schlurfte ich durchs Dorf und begann die Häuser zu zählen. Vor jedem blieb ich stehen und sah es mir an. Höchstwahrscheinlich hatten dort einmal Menschen gewohnt, die mich als Kind gekannt hatten. Sie hätten meinen Erinnerungen auf die Sprünge helfen können. Aber wahrscheinlich waren sie schon tot. Oder weggezogen. Für Letzteres hatte ich spontan Verständnis.

Es waren vierundzwanzig Häuser. Die meisten in einem traurigen Zustand. Zwei hatten eingeschlagene Fenster. Auf einem Dach wuchs eine Birke. Ich betrachtete die Straßenbäume. Es handelte sich um Linden. Vor einer Einfahrt lag ein Stein. Es war ein Findling, rotgrau meliert, vermutlich Granit, groß wie ein halbwüchsiges Schwein. Ich betrachtete ihn lange. Ich fasste ihn an. Setzte mich auf ihn. Doch auch er hatte nicht die leiseste Erinnerung für mich parat. Vielleicht hatte er früher nicht dort gelegen.

Erst als ich das sechste Mal durchs Dorf ging, entdeckte ich die Bank. Sie stand vor einem niedrigen, reetgedeckten Haus in der Dorfmitte. Nahe dem Tümpel mit Entengrütze, unweit der Wiese, links neben einer Haustür. Es war eine klobige Bank, schief, wahrscheinlich selbstgezimmert. Eine Planke auf zwei Holzklötzen mit einer stämmigen Lehne aus dicken Brettern, die mit zwei weiteren Brettern an den Klötzen befestigt war. Marineblau gestrichen, die meiste Farbe jedoch abgeblättert, das darunterliegende Holz schimmerte silbern, als wäre es jahrzehntelang von der Sonne ausgebleicht worden.

Eine Bank vor einem Haus. Eine alte Bank. Davor die Wiese. Und der Tümpel.

Und auf einmal ist da das Bild.

Ich sehe zwei alte Menschen auf dieser Bank sitzen. Eine Frau und einen Mann. Nach Feierabend. Ihre müden Hände liegen im Schoß. Arbeitshände, braungebrannt. Die Frau hat ein geblümtes Kissen im Rücken und trägt eine Kittelschürze aus Nylon. Die beiden ruhen aus. Sie schauen sich die Welt an. Sie erzählen sich ihren Tag. Eine Katze kommt. Ein Huhn gackert. Die Katze springt auf die Bank und setzt sich dem Mann auf den Schoß. Ein Nachbar kommt vorbei, der auch Feierabend hat, und die drei machen ein Schwätzchen.

Da fallen mir die vielen bunten Bänke ein, die hier früher vor den Häusern standen. Und die Menschen, die abends auf ihnen saßen, manche schweigend, manche plaudernd. Ich erinnere mich an die Hühner, Katzen und Schweine, an die sandige Dorfstraße, an das Stroh, das vom Anhänger des Treckers fiel und das wir aufsammelten, um Sterne daraus zu basteln. Und an den Geruch der Räucherwürste nach dem Schlachtfest. Das Dorf beginnt nach Kindheit zu riechen, Schwalben mit weißen Bäuchen und langen Schwänzen segeln durch die Luft. Ich weiß wieder, dass sie auch an unserem Stall brüteten, schaue ihnen beim Nestbau zu, höre die Kleinen schreien und lache über ihre riesengroßen Schnäbel. Ich rieche die überschwemmte Wiese im Frühling, die Pferde auf der Koppel, die schwarz-weißen Kühe hinter dem Zaun. Ich atme den Duft des Backhauses, wo sich die Frauen zum Brotbacken treffen. Ich sehe die Lämmer auf der Weide springen und die winzigen Gössel im Sand. Ihre Flaumfedern leuchten in der Sonne, wenn sie hinter ihrer Mutter herwackeln. Und plötzlich fällt mir ein, dass auf der Wiese neben dem Teich die Kirche stand, mit breitem Feldsteinsockel und Holzturm, genau dort, wo jetzt die Steine liegen.

Ich sehe die großen Milchkannen am Straßenrand und den Milchwagenfahrer in seinem blauen Anzug, der sie morgens einsammelt.

Ich schaue dem Schmied in der Werkstatt zu, höre sein Feuer prasseln und halte mir die Ohren zu bei dem harten, metallenen Schlag seines Hammers, mit dem er das glühende Hufeisen formt ...

Staunend sitze ich auf der Bank. Ich reibe mir die Augen. Alles ist da. Als hätte es nur geschlafen, darauf wartend, dass ich vorbeikomme und zu viel Zeit habe.

Ich gebe mich meinen Erinnerungen hin. So viele Bilder, Geräusche, Gerüche! Die Sonne wärmt meine Haut.

Auf der Rückfahrt fragt mich der Taxifahrer, ob ich in dem Dorf jemanden besucht hätte. Ob denn dort noch jemand wohne. Direkt besucht habe ich niemanden, sage ich, höchstens mich selbst. Ich sei dort geboren.

Er fragt, ob ich dann noch die Kneipe kenne, »Zum alten Backhaus« habe die geheißen, es sei die letzte Dorfkneipe in der Gegend gewesen.

Nein, sage ich, die habe ich nie kennengelernt.

Dann erzählt er mir, dass er um ein Haar umgekehrt wäre, als ich nicht wie verabredet am Ortseingangsschild stand. Aber dann hätte er sich entschieden nachzusehen, sei langsam durchs Dorf gefahren und habe nach mir Ausschau gehalten.

Und das war nett von ihm. Denn hätte er das nicht getan, säße ich vermutlich noch heute auf dieser Bank.

Die Entdeckung

An einem heißen Sommertag stromere ich mit meiner Freundin Silvi draußen herum. Gerade haben wir die zweite Klasse hinter uns gelassen und freuen uns auf die Ferien. Zwei Monate! Von morgens bis abends tun, was wir wollen! Wir werden Fangen spielen und Himmel und Hölle, Fahrrad fahren, Wege ausprobieren oder baden, so lange uns danach ist. Nur auf die Glocke vom Kirchturm müssen wir achten. Schlägt sie sechs Mal, ist Abendbrotzeit, und wir müssen nach Hause laufen.

Fröhlich schlendern wir durch die Straßen. Am Vortag habe ich ein Buch über Naturforscher und Entdecker zu Ende gelesen und erzähle Silvi begeistert von diesen Menschen, die nur deshalb berühmt geworden waren, weil sie hingeguckt hatten. Entdecker, das habe ich in dem Buch verstanden, müssen neugierig sein und Geduld haben. Außerdem müssen sie leise und still sein können, um Tiere nicht zu verscheuchen. Verblüfft stellen wir fest, dass wir diese Eigenschaften allesamt besitzen, also quasi die geborenen Entdecker sind.

Ich erzähle Silvi von Roald Amundsen, der als Erster am Südpol war, und von Christoph Kolumbus, der ein neues Land fand. Mich begeistern Forscher, die Pflanzen und Tiere entdeckt haben, wie Carl von Linné oder Ida Pfeiffer. Viele der Tiere, die Frau Pfeiffer gesammelt hatte, waren nach ihr benannt worden. Darunter eine Heuschrecke, ein Frosch und eine Schnecke. Einer aber fasziniert mich besonders. Das ist George Washington

Carver, der Entdecker der Erdnuss. Seine Mutter war Sklavin, sodass es für ihn nicht mal denkbar gewesen war, eine Schule zu besuchen. Er aber war wissbegierig, Lesen und Schreiben brachte er sich selbst bei, kämpfte um einen Schulbesuch und ging sogar arbeiten, um das Schulgeld zu verdienen. Er wurde der erste schwarze Student Amerikas, später sogar Doktor und Professor, und erfand so vieles, dass es mehrere Bücher füllen würde, alles aufzuzählen.

Während ich erzähle, bekommen Silvi und ich eine unbändige Lust, etwas zu entdecken. Am liebsten eine neue Tierart. Es gibt überhaupt zu wenig weibliche Entdecker, finden wir. Wahrscheinlich mussten die sich immer um die Kinder kümmern. Wir machen das anders. Wir werden jetzt schon Entdeckerinnen, bevor wir Kinder haben! Und wir fangen gleich damit an. Die Sommerferien sind die beste Zeit für solch ein Vorhaben.

Gleich laufen wir zum Stadtrand, weil es dort mehr Natur gibt. Auf dem Weg zum See halten wir die Augen offen, schauen, hocken an Wiesenrändern, untersuchen Pfützen, durchforsten Weizenfelder. Doch nicht ein unbekanntes Tier zeigt sich. Das mit dem Entdecken scheint doch schwerer als gedacht.

Es ist mittags, eine Gluthitze. Der See liegt ruhig da. Wir halten die Füße ins Wasser, essen Käsestullen aus der Brotdose, trinken Tee und beobachten die kleinen Fische, die in Schwärmen dicht unter der Wasseroberfläche stehen. Wir sind etwas frustriert, weil wir noch kein neues Tier gefunden haben. Mir würde ja schon ein kleines reichen, ein Mini-Käfer oder eine Ameise.

Dann baden wir, bis uns kalt ist. Umso schöner ist die Sonne danach. Lachend werfen wir uns in den Sand, liegen auf dem Bauch – und in diesem Moment passiert es. Gleichzeitig stoßen Silvi und ich einen Schrei aus. Leider ist das Tier zu schnell. Kaum huscht es über den Sand, ist es schon in der Ritze unter einem Stein verschwunden. Aber wir irren uns nicht. Es gibt einen Beweis. Zu der Ritze hin, in der es verschwunden ist, hat es eine Spur im Sand hinterlassen.

Aufgeregt erzählen wir uns, was wir gesehen haben: Ein etwa drei Zentimeter langes Wesen, silbergrau, schuppig, mit dickem Kopf, runden Ohren und spitz zulaufendem Schwanz. Es hatte wie ein kleines Krokodil ausgesehen! Und es hatte nur Vorderbeine gehabt. War das ein Urzeittier? Ein Minikrokodil? Eine Eidechsenart? Nie zuvor sind wir so einem Tier begegnet. Damit ist klar, dass wir soeben eine neue Art entdeckt haben! Wir können unser Glück kaum fassen. Ob wir in der Schule aufgefordert werden, davon zu berichten? Ob Reporter zu uns nach Hause kommen, uns fotografieren und interviewen werden? Gewiss! Gleichzeitig ist uns klar, dass wir Beweise brauchen. Forscher brauchen immer Beweise. Am besten, wir nehmen das Tier mit. Zum Beispiel in meiner Brotdose.

Wir heben den Stein an. Das Tier ist weg. Wir graben im Sand, doch wir können es nicht mehr finden. Das ist ärgerlich. Wenigstens schauen wir uns die Spuren im Sand nochmal genau an, um sie uns einzuprägen: feine, versetzt angeordnete Abdrücke, dazwischen eine breite Schleifspur des Bauches.

Schnell packen wir unsere Sachen zusammen und laufen zu Silvi nach Hause, um es zu zeichnen. Wir wollen unser Tier so genau wie möglich darstellen, brennen wir doch darauf, allen davon zu erzählen.

Als wir unsere Bilder jedoch nebeneinander legen, stellen sie sich als recht unterschiedlich heraus. Wir müssen weiter zeichnen, bis wir uns einig sind. Wir malen das Tier in Originalgröße, darunter seine Spur. Das Ergebnis entzückt uns. Im Geiste sehen wir dieses Bild mit unseren Namen schon in den Schulbüchern künftiger Generationen. Unser Stolz ist grenzenlos. Den Tag der Entdeckung schreiben wir darunter: »8.8.1968«. Ein, wie wir finden, magisches Datum.

Und wie soll das Tier heißen? Neue Arten werden nach ihren Entdeckerinnen benannt. Silvi oder Doris? Um keine zu benachteiligen, beschließen wir, es Silvidoris zu nennen. Silvi sagt, mit zwei i und zwei o klingt es stärker: Silvidoros. Das finde ich auch. Feierlich setze ich den Namen über die Zeichnung: »Das Silvidoros«.

Und so sieht das Ganze nun aus:

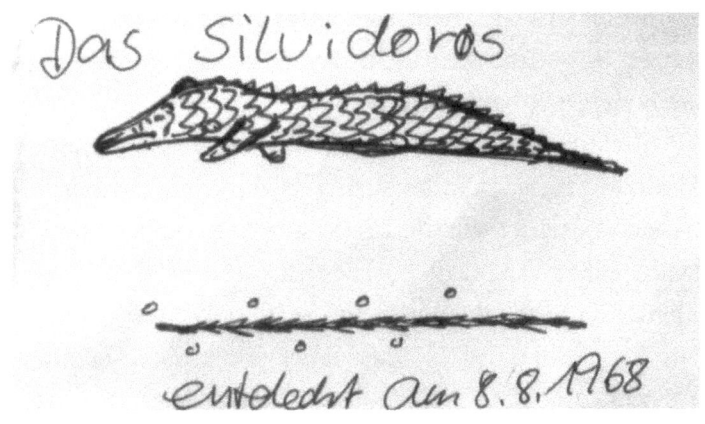

Während ich unser Bild betrachte, ahne ich, wie sich Kolumbus gefühlt haben musste.

Kaum sind wir fertig, schlägt die Kirchturmuhr sechs. Rasch verstauen wir das Bild im Rucksack und gehen zu mir nach Hause, im Bewusstsein, bald Gegenstand größten Interesses zu sein.

Schon auf der Treppe rufen wir, dass wir etwas entdeckt haben. Oben angekommen, werden wir trotzdem aufgefordert, uns die Hände zu waschen und zum Essen zu kommen.

Wahre Größe zeigt sich in Demut. Brav setzen wir uns und warten auf eine günstige Gelegenheit. Vor Aufregung bekommen wir kaum einen Bissen herunter. Als der Tisch endlich abgeräumt ist, lege ich feierlich unser Bild darauf und bitte um Aufmerksamkeit.

Was das sein soll, fragt meine Mutter.

»Ein neues Tier«, sage ich.

»Ein Silvidoros«, sage Silvi.

»Wir haben es entdeckt«, sage ich.

Solch ein Tier gibt es nicht, sagt meine Mutter.

Mein Vater schließt sich ihrer Meinung an. Sicher hätten wir nicht richtig hingeguckt, sagt er. Es sei ja auch ziemlich heiß gewesen.

Silvi stehen Tränen in den Augen. Ich habe einen Kloß im Hals. Wir beteuern, es wirklich gesehen zu haben. Beschreiben die Stelle am See. Schwören, die Wahrheit zu sagen. Es nützt nichts. Mir wird klar, dass niemand uns glauben wird. Wir haben das Tier gesehen, wir wissen, dass es existiert, aber wir können es nicht beweisen. Der Traum vom Berühmtsein zerplatzt wie eine Seifenblase.

Später bringe ich Silvi nach Hause. Unterwegs trösten wir uns gegenseitig. Wir wissen, dass wir recht haben. Wir sagen uns, dass irgendwo dort draußen, wo die Stadt aufhört, am Ufer des Sees, das kleine Tier, das nur wir beide kennen, jetzt unter seinem Stein sitzt und schläft. Und dass eines fernen Tages, wenn ein erwachsener Naturforscher es noch einmal entdeckt, wir beide hingehen, unsere Zeichnung vorlegen und Anspruch auf Erstentdeckung geltend machen werden. So lange müssen wir eben warten.

Kindern wird viel abverlangt. Vor allem eine unendliche Geduld mit Erwachsenen.

Und das Silvidoros scheint tatsächlich ein scheues Tier zu sein. Bis zum heutigen Tag, fünfzig Jahre später, hat es offenbar noch immer kein Erwachsener zu Gesicht bekommen. Aber vielleicht liegt das gar nicht daran, dass unser Tier so scheu ist? Vielleicht sind Erwachsene einfach nicht neugierig genug?

Der Elefantenmaler

Heute Morgen ist mir Heiner eingefallen. Ich stand mit meiner Kaffeetasse am Fenster und schaute auf den Hof hinunter. Gleich spürte ich wieder diese Scham, die ich bei unserer letzten Begegnung vor ungefähr fünfundzwanzig Jahren empfunden hatte.

1980 war ich nach Berlin gezogen. In die Löwestraße hinter dem Kino Kosmos. Man kann es sich heute nicht mehr vorstellen, doch es war eine Zeit, in der kaum jemand Telefon hatte und es noch kein Internet gab. Wollte man Freunde sehen, ging man zu ihnen, klingelte und freute sich, wenn sie zu Hause waren. Waren sie es nicht, setzte man sich auf die Treppe und wartete. Oder man hinterließ einen Zettel an der Tür, ging spazieren und versuchte es später noch einmal.

Die kleine Straße, in der ich nun wohnte, hatte am Ende einen Park und war schön ruhig. Selten fuhr ein Auto vorbei. Dafür spielten Kinder in der wärmeren Jahreszeit dort Ball, Gummitwist oder Fangen, rollten auf Rollern und Fahrrädern herum oder bespritzten sich mit Wasser aus der grünen Pumpe, falls sie genug Kraft hatten, diese zu bedienen. Neben der Pumpe stand ein Denkmal aus Beton, das einen Jungen darstellte, der unermüdlich stumm auf seiner Trompete blies. Daneben die runden, grauen Alu-Mülltonnen.

An einem milden Septembertag, kurz nach dem Umzug, trat ich aus der Haustür und sah Heiner zum ersten Mal. Ein Berg von einem Mann, bestimmt zwei

Meter groß, dazu breit und kräftig, mit pechschwarzem Haar. Wie ein Buddha hockte er vor dem Haus gegenüber auf einem umgedrehten Zinkeimer, guckte vor sich hin und bewegte zwei Finger der linken Hand, zwischen denen ein Bleistift klemmte. Der Stift tanzte. Er selbst schien versunken. Seine Augen waren offen, trotzdem wirkte er schlafend. Ich hätte nicht sagen können, wie alt er war. Der Kontrast zwischen der riesigen Gestalt und dem kindlichen Gesicht war verblüffend. Er bewegte nur Zeige- und Mittelfinger der linken Hand, sein übriger Körper war vollkommen ruhig. Wie er so saß, schien er seine ganze Umgebung mit Ruhe anzustecken. Selbst ich entspannte mich, während ich ihn ansah. Sein Gesicht war gelöst, als wäre er allein mit sich und säße nicht mitten in der Großstadt. Es war übrigens ein merkwürdiges Gesicht. Grob geschnitten, kantig, Nase und Lippen viel zu wuchtig, das Kinn flach, die Stirn hoch, die Augenbrauen ein zusammengewachsenes, schwarzes Dickicht. Alles recht unproportioniert, als hätte sich jemand bei der Herstellung keine besondere Mühe gegeben.

Damals wusste ich noch nicht, dass Heiner Heiner hieß. Ich wusste nichts von seiner uralten Mutter, die sich um ihn kümmerte, und nicht, dass er seit Jahren zum Straßenbild gehörte wie die Häuser, die Mülltonnen, der kleine Trompeter und die grüne Pumpe.

Heiner saß fast jeden Tag auf seinem Eimer vor dem Haus. Die Kinder spielten um ihn herum, aber weder schien er sie wahrzunehmen, noch fingen sie etwas mit ihm an. Er ließ die Zeit vergehen. Wobei ich nicht glaube, dass es für ihn so etwas wie Zeit gab. Manchmal kam seine Mutter, eine kleine, uralte Frau. Sie tippte ihn an die Schulter, er stand auf und trabte wie ein Bär hinter ihr her. Sie reichte ihm kaum bis zur Brust. Die beiden gingen zur Kaufhalle, kauften ein, kamen zurück, und die Mutter, gebeugt unter der Last, trug die Einkäufe. Heiner, der sie locker samt den Taschen hätte unter einem Arm tragen können, trug nichts. Er ließ seinen Bleistift tanzen. Er beherrschte diese Kunst auch, während er ging.

Ich begegnete den beiden oft. Heiner schien seine Mutter sehr zu lieben. Wenn er hinter ihr hertrottete, sah er stets zufrieden aus. Seine Augen waren lebendiger als sonst, und sein Gesicht leuchtete.

Manchmal ging er auch allein spazieren. Dann hatte er seinen Bleistift auf dem Eimer liegen gelassen und sich stattdessen einen langen Stock gesucht, dessen Ende er in die linke Hand nahm. Er ging in den Park oder auf einen Hinterhof, bewegte sich mal hierhin, mal dorthin, und schleifte beim Gehen seinen Stock hinter sich her, wobei auf der Erde ein langer Strich entstand.

Im Winter stand sein leerer Eimer vor dem Haus, schneebedeckt. Heiner war in der warmen Wohnung bei seiner immer runzliger werdenden Mutter, die vermutlich einfach deshalb nicht starb, weil sie ihr Kind vor dem Heim bewahren wollte. Wahrscheinlich übte er, seinen Stift noch geschickter tanzen zu lassen. Oder er träumte vom Frühling und seinem Platz vor dem Haus. Die Straße wirkte verwaist. Heiner fehlte.

Wie alt er wohl war? Seine Mutter musste weit über achtzig sein, dann war er mindestens fünfzig. Was ihm geschehen war? Auch die Nachbarn, die schon lange dort wohnten, wussten es nicht mit Sicherheit. Manche meinten, es sei eine Hirnhautentzündung gewesen, als er noch ein Baby war. Andere meinten, er habe als Junge einen Unfall gehabt. Andere glaubten, er sei im Krieg verschüttet und nur durch ein Wunder gerettet worden. Jedenfalls waren sich alle einig, dass seine stoische Mutter, die ihn vor der Wirklichkeit beschützte, einen Orden verdiente.

Kaum zeigten sich die ersten Frühlingssonnenstrahlen, tauchte Heiner auf, setzte sich auf den Eimer, als wäre nie Winter gewesen, guckte geradeaus, vollführte Kunststücke mit dem Stift, ging mit seiner Mutter einkaufen, und die Welt war wieder vollständig.

Erst Jahre nachdem ich dort hingezogen war, geschah es, dass ich einmal am Küchenfenster stand und zufällig hinuntersah, als Heiner mit einem Stock auf unserem Hof herumging. Unsere Wohnung lag in der vierten Etage. Zerstreut schaute ich nach ihm, wunderte mich über seine Richtungswechsel, wurde aufmerksamer und konnte mich des Eindrucks nicht erwehren, seine Bewegungen als ausgesprochen zielsicher zu empfinden. Und da sah ich es. Es war kein zufälliger Strich, den er mit seinem Stock in die Erde gezogen hatte. Es war ein Bild. Gerade war er dort angekommen, wo er angefangen hatte. Er hatte einen Elefanten gezeichnet! Einen wunderbaren, vollständigen Elefanten mit Ohren, Rüssel, Stoßzähnen, Beinen und Schwanz! Einen riesigen Elefanten, der unseren ganzen Hinterhof ausfüllte. Ich konnte es nicht fassen. Gleich rief ich meine Söhne, um ihnen das Wunder zu zeigen, und wir bestaunten die überdimensionale Zeichnung. Wie oft schon hatten wir Heiner mit seinem Stock herumgehen sehen, und niemand von uns wäre auf die Idee gekommen, dass er etwas anderes in die Erde kritzelt als Striche. Nie hatte ich darin ein Bild gesehen. Das konnte man auch nicht, wenn man danebenstand. Nur von oben konnte man es erkennen.

Dieser Riese hatte zweifellos besondere Fähigkeiten. Auf diese Art einen Elefanten zu zeichnen, in den Ausmaßen eines Hinterhofes von hundert mal hundert Metern, ohne hinzusehen, mit einem Stock, den man rücklings hinter sich herzog, das wäre mir niemals gelungen. Malte er immer solche Bilder, wenn er allein herumging? Woher hatte er sie?

Ich durfte seine Fähigkeit danach noch zweimal bestaunen. Auf zwei anderen Hinterhöfen. Als ich mitbekam, dass er dort hinein verschwand, lief ich – die Haustüren waren zur damaligen Zeit unverschlossen – das jeweilige Treppenhaus hinauf bis nach oben und schaute auf den Hof hinunter. Beide Male zeichnete er wieder einen Elefanten.

Dann kam die Wende. Eine wilde Zeit. Kompetenzen, die man im bisherigen Leben erworben hatte, waren nichts mehr wert, Betriebe wurden abgewickelt, viele verloren ihre Arbeit, Träume starben, neue Träume wurden geboren, Freunde zogen fort, Türen wurden abgeschlossen, Mieten stiegen, alles wurde lauter, schriller und schneller. Auch ich zog aus der kleinen Straße fort. Heiner verlor ich aus den Augen. Wenn er mir einfiel, fragte ich mich, ob seine Mutter noch lebte und was wohl aus ihm geworden war in der neuen, anderen Zeit.

Mitte der Neunzigerjahre bekam ich die Antwort. Ich war in einem Park am anderen Ende der Stadt unterwegs, als mir eine Gruppe von etwa zwanzig geistig behinderten Erwachsenen entgegenkam, flankiert von zwei Betreuern. Ich erkannte Heiner sofort. Er überragte die anderen um Kopfeslänge und trottete als Letzter hinter ihnen her. Seine Haare waren grau, doch sonst hatte er sich kaum verändert. Bis auf die Augen. Sie leuchteten nicht mehr. Ich sah auf seine Hände. Sie waren leer. Kein Bleistift. Kein Stock. Trauer packte mich. Und ich schämte mich, dass er nun in einer Welt leben musste, in der er nicht mehr Bleistiftkünstler und Elefantenmaler sein durfte. Als mir einfiel, dass ich im Park einen Stock aufheben und ihm geben könnte, war es zu spät. Die Gruppe war nirgendwo mehr zu sehen.

Das ist über zwanzig Jahre her. Ob Heiner noch lebt? Ich weiß es nicht. Ist er noch in diesem Heim? Geht er noch mit den Betreuern und der Gruppe spazieren? Vielleicht hat ihm jemand einen Stock geschenkt. Vielleicht ist er aber auch schon im Himmel bei seiner kleinen Mutter, trottet dort wieder hinter ihr her, lässt seinen Bleistift tanzen und freut sich. Oder er sitzt auf seinem Eimer, mitten in den Wolken, und bringt den Engeln das Träumen bei. Oder das Zeichnen von Riesenelefanten.

WENN NICHTS MEHR GEHT

Wenn nichts mehr geht, halt an
Halt an und fürchte nichts
Die Nacht ist sternenklar
Ein Mantel nur des Lichts

Was Gutes du erlebt
Das ist für immer dein
Wie auch dein Innres bebt
Du wirst behütet sein

Sei gnädig. Wage es
Sieh dich mit Liebe an
Damit, was zart in dir,
Werden und wachsen kann

Brachzeit

Als ich mit Mitte vierzig im Burnout landete und eine Vollbremsung von Hundert auf Null hinlegte, nickte mir niemand wohlwollend zu. Keiner klopfte mir auf die Schulter und sagte: Gut entschleunigt! Ich wurde auch nicht gefragt, wie es sich denn nun lebe mit so viel Muße. Im Gegenteil. Von allen Seiten wurde ich mit Tipps bombardiert, die ich unverzüglich umsetzen sollte, um schnell wieder fit zu werden. Ich solle mich am Riemen reißen, zum Yoga gehen, meditieren, Ingwertee trinken, mit Öl gurgeln, Sport treiben, abnehmen. Mich auf keinen Fall dem Schlendrian hingeben. Mich rasch nach einer neuen Arbeit umsehen. Nach vorn schauen.

Das alles hätte ich gern getan. Wenn ich gekonnt hätte. Schon, um dieser Flut von Ratschlägen zu entgehen. Doch mein Körper hatte die Notbremse gezogen. Ich war am Ende. Ich war in die Langsamkeit gefallen wie ein Tropfen ins Meer. Es stand nicht in meiner Macht, diesen Zustand zu ändern. Alles, was ich tun konnte, war ihn auszuhalten und den Gedanken zuzulassen, dass mein bisheriges Lebenskonzept gescheitert war. Das fiel mir schwer genug. Weil ich nichts mehr leisten konnte, glaubte ich, kein vollwertiger Mensch mehr zu sein. Am liebsten hätte ich den Schalter umgelegt und wäre zu meinem vorigen Leben zurückgekehrt. Ich musste einsehen, dass ich offenbar keine Maschine war, die wieder funktionierte, wenn man auf den Knopf drückte. Im Gegenteil, je mehr Druck ich mir machte, umso langsamer wurde ich.

Ich fragte mich, warum mir das so zu schaffen machte. Ob ich je wieder arbeiten könnte? Was sollte ich tun, wenn die Kraft nicht mehr zurückkehrte?

Ich brauchte Zeit. Zeit zum Nachdenken. Zeit zum Begreifen der Ohnmacht. Diese Zeit war offensichtlich nicht vorgesehen. Jetzt sollte ich beweisen, dass ich wirklich nicht mehr konnte. Termine bei Ärzten, bei der Krankenkasse, dem Rententräger, Begutachtungen, Rehabilitationsprogramme, Maßnahmen, Umschulungen. Es war, als hätte meine Arbeitsunfähigkeit einen selbstlaufenden Mechanismus in Gang gesetzt, der mein Begreifen überstieg.

In dieser Zeit des Ringens lud eine alte Schulfreundin mich für eine Woche ein. Bestimmt täte mir die Landluft gut, meinte sie. Ich sagte sofort zu.

Das Dorf war klein. Es war Mai. Es war still. Es war nichts los. Meine Freundin arbeitete tagsüber, also hatte ich noch mehr Zeit als zu Hause. Um es gleich zu sagen: Meine Fragen waren mitgekommen. Es schien sogar, als hätten sie hier noch mehr Raum. Ich versuchte mich abzulenken. Machte Spaziergänge. Lief über Felder und Wiesen, durch den Wald, umrundete das Dorf. Bald kannte ich jeden Baum und jeden Stein.

Auf diesen Spaziergängen fiel mir ein verwilderter Acker auf. Wegerich, Brennnesseln, Huflattich und Winden wuchsen wüst durcheinander. Die angrenzenden Felder waren vorbildlich bestellt: Gemüse und Korn in Reih und Glied. Der unbebaute Streifen nahm sich aus wie eine Störung im Gesamtbild. Warum wurde er nicht genutzt? Das Wetter war gut, viel Regen, viel Sonne, die Frühlingssaat hätte längst ausgebracht sein müssen. Gehörte dieses Stück Land niemandem?

Am fünften Tag kam auf dem Feldweg ein Mann auf mich zu. Er war um die Sechzig, trug Gummistiefel, eine braune Cordhose und rauchte Pfeife. Er blieb stehen, um auf seinen Dackel zu warten, der offenbar keine Lust hatte, sich zu beeilen. Es war das erste Mal, dass ich hier jemanden traf. Der Mann wünschte mir einen schönen Tag, wir kamen über seinen Hund ins Gespräch, der zwanzig Jahre alt und noch immer der beste Ratten- und Mäusefänger des Dorfes sei. Ich drückte meinen Respekt aus.

Ich war froh, dass der Mann mich nicht nach meiner Erschöpfung fragte. Dass er mich wie einen normalen Menschen behandelte. Wie einfach es doch war, mit Fremden ins Gespräch zu kommen, die nichts von einem wussten! Über uns sangen die Lerchen. Ich hockte mich hin und streichelte den Dackel. Der Mann sprach vom Wetter, das in diesem Jahr gut für Kartoffeln und Rüben sei, davon, dass der Sommer wohl feucht werden würde und wir einen schönen Herbst bekämen.

Ich fragte ihn nach dem Feld. Ob das denn niemandem gehöre. Es sei doch ein Jammer, meinte ich, dass das so verwildere. »Verwildert?«, fragte er. »Nun, das Unkraut«, entgegnete ich. »Das ist doch schade drum.« »Schade drum?«, meinte er. »Sie verstehen nichts von Landwirtschaft, oder?« Er deutete auf den Unkrautacker. »Das ist meiner«, sagte er. »Haben Sie Zeit?«

Die hatte ich.

Der Mann ging am Rand des wilden Ackers entlang, ich folgte ihm bis zu einem Haus. Von hier sah man, dass es rings um sein Anwesen vier Ackerflächen gab. Drei davon waren bewirtschaftet: Auf einer sah ich Kartoffelblätter, auf der zweiten Kürbispflanzen, auf der dritten Kohlrüben.

»Und der darf sich ausruhen.« Er bückte sich und nahm eine Handvoll Erde auf. »Sehen Sie? Dunkelbraun. Satte Erde.« Ich nickte. »Das mach ich seit zwanzig Jahren so«, sagte er. »Alle vier Jahre darf sich einer meiner Äcker erholen. Brachzeit. Sie glauben nicht, wie gut der nächstes Jahr trägt.« Für ein Jahr nutzlos zu sein, meinte er, tue jedem Boden gut. Weil es ein Irrtum sei, ununterbrochen Ertrag haben zu wollen. Dabei verarme der Boden und könne nur noch mithilfe von Dünger etwas hervorbringen. Folglich brauche man ständig mehr Dünger, weil die Erde keine eigenen Nährstoffe mehr habe. Früher habe er gedüngt wie jeder im Dorf. Jetzt aber wolle er gesunde Erde. Darum praktiziere er die Brache. So wie es die Bauern schon vor hunderten von Jahren getan hätten. Im nächsten Frühjahr pflüge er einfach um und säe neu aus. Das sei alles.

Ich hätte ihm immer weiter zuhören können. Brachliegen fühlte sich so schrecklich an. Es sah so unnütz aus. Aber es war nicht unnütz! Es war ein Aufnahmeprozess, eine Stärkungszeit.

»Anfangs«, sagte er, »haben die Nachbarn sich aufgeregt. Wegen des Unkrauts. Die Samen fliegen zu ihnen rüber und so. Aber als sie sahen, dass ich keinen Dünger mehr kaufte, waren sie still. Das gesparte Geld hat sie überzeugt!« Er lachte. »Und der Ertrag. Mittlerweile gibt's sogar Nachahmer.«

Der Dackelbesitzer und ich verplauderten den ganzen Nachmittag miteinander, tranken Kaffee, aßen Kuchen, begutachteten seine Apfelbäume, beobachteten Bienen und sahen dem Hund bei der Mäusejagd zu. Und obwohl wir nicht ein einziges Mal über mein Burnout gesprochen hatten, sagte er beim Abschied: »Nicht vergessen: Immer mal ausruhen!«

Nachdenklich ging ich am Rand des unbestellten Ackers entlang. Seinetwegen hatte der Bauer Ärger bekommen. Es erforderte Mut, zur Nutzlosigkeit zu stehen. Das hatte ich auch schon gemerkt. Man wurde zur Provokation.

Ich pflückte mir eine lila Malve und sog ihren herben Duft ein. Die Nase in der Malvenblüte, beschloss ich, endlich meine Schwäche anzunehmen. Sie nicht mehr zu bekämpfen. Die Zeit, die ich brauchte, um wieder zu mir zu kommen, kam nicht von außen. Die musste ich mir selbst geben. Das war die Herausforderung.

Und genau das würde ich tun. Von nun an wollte ich mich betrachten wie einen brachliegenden Acker. Und neugierig sein, was im Frühling auf ihm wächst.

Kartoffelweisheit

Heute ist es kalt. Der Herbst kriecht mir in die Knochen. Und mit ihm die Wehmut über das Ende des Sommers, das Ende des Gartenjahres, die Endlichkeit des Lebens. Es ist Oktober. Bald kommen die Stürme, der Regen, das Novembergrau, die Kälte, der Winter und das lange, lange Warten auf den Frühling, das mir so schwerfällt.

Warten gehört nicht zu meinen Stärken. Warten heißt Nichtstun. Heißt Ohnmacht, Geduld, heißt alles, was ich nicht kann. Da geht er hin der Sommer, mit seinen Blüten und Düften. Übrig bleiben Kälte, Nässe und Matsch. Das macht mich traurig. Ich brauche Trost. Etwas Wärmendes. Mir fallen die letzten Kartoffeln ein, die noch im Beet liegen. Genau, heute ist der richtige Tag für mein Leibgericht.

Es müssen mehlig kochende Kartoffeln sein, mit dünner, golden schimmernder Haut. Schon bei der Vorstellung läuft mir das Wasser im Munde zusammen. Gleich hole ich die Hacke und den Eimer aus dem Schuppen, gehe hinters Haus und fange an zu buddeln. Ich sammle sie direkt aus der Erde. Das dürfte für eine Mahlzeit reichen. Ich trage sie in die Küche, wasche sie, lege sie in den Topf, gieße Wasser dazu und drehe die Herdplatte an.

Kartoffeln sind ein merkwürdiges Gemüse. Sie wollen in Ruhe gelassen werden. Alles andere im Garten will umhegt und gepflegt sein. Die Kürbisse brauchen ein Rankgerüst, die Tomaten muss man ausgeizen, die Gurken gießen, die Zucchini von Schnecken befreien, die Himbeeren düngen, schneiden und anbinden ... Arbeit, wohin man sieht. Nicht so die Kartoffeln. Sie werden umso schöner, je weniger man sich um sie kümmert. Nur ein paar Löcher buddeln muss man im April und sie hineinlegen. Das Einzige, was der Kartoffelgärtner braucht, ist Vertrauen.

Ich stehe am Herd. Das Wasser kocht, die Kartoffeln hüpfen. Ich schaue mir ihre schöne Form an. Ihre goldene Schale. Stelle schon mal den Teller auf den Tisch, das Salz, die Butter. Jetzt platzt die Schale auf. Fertig. Ich gieße das Wasser ab, dämpfe sie, bis die Schale stumpf wird, und lege sie auf den Teller. Feierlich setze ich mich hin. Mit der Gabel zerlege ich sie, bestreue sie mit Salz, verteile Butterflöckchen rings um den Tellerrand. Nun ein Stück Kartoffel auf die Gabel, ein Eckchen Butter darauf – und dann lege ich mir diesen Geschmackserlebnisturm auf die Zunge.

Schon die Konsistenz! Das Stück Kartoffel lässt sich leicht am Gaumen zerdrücken, wobei es sich in einen köstlichen Brei verwandelt, dessen wohltuende Wärme sich sofort im Mund verteilt. Zuerst schmecke ich zarte Süße. Gleich darauf entfaltet sich der Kontrast zum Salz und zum kühlen Schmelz der Butter. Wie wunderbar das ist! Nach und nach kommt eine leicht bitter-erdige Note hinzu, wie man sie von anderem Wurzelgemüse kennt, nur dass sie bei der Kartoffel um ein Vielfaches dezenter ist. Die pergamentene Schale esse ich natürlich mit. Gerade sie hat diesen Erdgeschmack. Würzig klingt die Note im hinteren Bereich der Zunge nach. Ich schließe die Augen. Kaue, schmecke, genieße. Erdig, süß, weich und warm. Welch eine traumhafte Kombination. Mit jedem Bissen fülle ich Ruhe in mich. Die Ruhe der Kartoffel. Ihr Vertrauen ins Wachsen, in die Richtigkeit alles Natürlichen. In die großen Gesetze, die auch im Innern der Erde wirken.

Ich esse Kartoffeln. Langsam. Genüsslich. Eine nach der anderen. Lecke mir die Lippen. Kartoffeln aus meinem Garten. Ich sehe mich in der warmen Aprilsonne mit meinem Enkel das Beet umgraben, Kompost einarbeiten, alles glatt harken; er buddelt Löcher, ich trage den Eimer mit den angekeimten Knollen herbei. Behutsam legt er in jedes Loch eine, mit den Keimen nach oben, schiebt mit der Hand Erde in die Löcher und klopft sie fest. Immer, wenn er in der folgenden Zeit zu Besuch kommt, gehen wir zum Beet. Schon nach drei Wochen bricht die Erde auf. Kleine Spitzen schieben sich ins Licht. Von nun an ist kein Halten mehr, die Blätter sprießen, man kann den Pflanzen fast beim Wachsen zusehen. Sind sie zwei Hände hoch, häufeln wir sie mit Erde an. Im Juni zeigen sich schon die glockenförmigen Blüten in Weiß oder Lila mit ihren filigranen Staubgefäßen, die jeder Blumenrabatte zur Ehre gereichen würden. Nun müssen wir nichts mehr tun. Diese Pflanze macht einfach alles allein. Es stört sie nicht einmal, wenn Klee, Löwenzahn und Vergissmeinnicht zwischen ihr wuchern. Das Einzige, worauf ich achten muss, ist, meinen Enkel davon abzuhalten, die Knollen zu früh auszugraben. Erst im Herbst, wenn das

Kraut vertrocknet auf der Erde liegt, wenn die Schönheit dahin ist, schnappen wir uns Hacke und Eimer. Heben vorsichtig die Erde an. Mein Enkel kniet sich hin und geht auf fröhliche Schatzsuche. Meist findet er noch die leere Hülle der Mutterknolle zwischen all den neuen großen und kleinen gelben Kugeln. Zehn bis zwanzig sind aus einer einzigen Pflanzkartoffel entstanden.

Die Kartoffel. Geschenk aus der Tiefe. Rundes, gut in der Hand liegendes Kraftpaket. Wiederkehrendes Wunder der Nahrungsvermehrung. Ein halbes Jahr lang ungestört im Dunkeln gewachsen. Zwischen Asseln, Regenwürmern und Tausendfüßlern. Kein anderes Essen macht mich so glücklich. Pellkartoffeln mit Salz und Butter sind mein Leibgericht. Es gibt nichts Besseres.

Der zweite Teller ist leer. Ich bin satt. Ich schaue meinen herbstlichen Garten an und stelle fest, dass er ganz friedlich aussieht. Auch dieser Herbst und dieser Winter werden vorbeigehen. Und wie schön werden die ersten Schneeglöckchen und Krokusse sein in ein paar Monaten!

Die Nacht mit Bulgakow

Ich kann nicht ohne Bücher sein. Gerät die Welt aus den Fugen, brauche ich nur ein Gedicht von Gryphius oder Domin lesen oder eine Seite von Chesterton. Dann wird etwas in mir wieder heil. Bücher lesen ist wie Kartoffeln essen für die Seele. Es gibt Bücher, die sind Freunde. Sie begleiten mich durchs Leben. Noch heute weiß ich von fast jedem, wie es zu mir kam. Auch von *Der Meister und Margarita*. Dieses Buch entdeckte ich in einer Oktobernacht vor über dreißig Jahren.

Eine ganze Nacht soll ich in dem engen Pförtnerhäuschen des Studentenwohnheimes zubringen. Soll die Schlüssel annehmen und ausgeben und mich bis zum Morgen wachhalten. Unser Hausmeister, der diesen Job tagsüber macht, wählt uns nach dem Losprinzip aus. Einmal im Semester trifft es jeden. Keine Chance, sich zu drücken. Ärgerlich stopfe ich Thermoskanne, Decke, Butterbrot, den Pullover und ein paar Lehrbücher in den Rucksack und gehe gegen zehn Uhr abends zum Pförtnerhäuschen. Kurz darauf habe ich kalte Füße. Lustlos blättere ich im Mathebuch. Wie gern würde ich mich hinlegen, aber hier gibt es nur den Stuhl, einen speckigen Holztisch, über dem die Lampe baumelt, die Luke, durch die man die Schlüssel annimmt und ein kleines Regal, in dem der Hausmeister seine persönlichen Dinge lagert. Das Regal ist rot lackiert und mit

Aufklebern verschandelt. Obenauf tickt ein Wecker mit Goldrand. Unten liegt das zerfledderte Berichtsbuch, in das man die angenommenen Schlüssel eintragen muss. Neben ihm stapeln sich Zeitschriften.

Aus lauter Langeweile fische ich eine herunter. Dabei rutscht ein Buch heraus: *Der Meister und Margarita* von Michail Bulgakow. Weder Titel noch Autor sagen mir etwas. Ich schlage es auf, lese die ersten Sätze – und sofort bin ich in einer anderen Welt. Mit dem Dichter Besdomny und Herrn Berlioz, Chefredakteur einer Literaturzeitschrift, finde ich mich an einem warmen Frühlingsabend am Boulevard der Moskauer Patriarchenteiche wieder. Ein merkwürdiger Mann kommt auf uns zu. Er hat verschiedenfarbige Augen, stellt sich als Professor für Schwarze Magie vor und behauptet, nicht nur Pontius Pilatus, sondern auch Jesus Christus persönlich gekannt zu haben. Er konfrontiert den entsetzten Berlioz mit der Prophezeiung seines baldigen Todes, der wenige Seiten später prompt eintrifft … Lesend sacke ich auf den Stuhl. Ich begegne teuflischen und menschlichen Gesellen, erlebe Verlogenheit, Raffgier und Leichtgläubigkeit im Moskau der Stalinzeit. Meine Augen fliegen über die Zeilen. Ich genieße die Fabulierlust, die maßlosen Übertreibungen, versteckten Hinweise und magischen Momente. Welch ein Sprachwitz, welch absurde Charaktere! Eine so kluge Satire auf den Überwachungsstaat und die Verführbarkeit von Menschen habe ich nie vorher in der Hand gehabt. Wie hat es dieses Buch nur durch die DDR-Zensur geschafft? Begierig verschlinge ich Seite um Seite, genieße die Einfälle und

Bocksprünge. Welch ein Mut, in einem Staat, der sich dem Atheismus verschrieben hat, die Geschichte des Teufels zu verfassen. Des Teufels, der die Feigheit als das größte Übel anprangert, und, da niemand mehr glaubt, selbst beweist, dass es Gott gibt!

Ich kaue an meiner Stulle, schlürfe Tee, doch in Wirklichkeit bin ich in Moskau. Ich ängstige mich mit Besdomny, sterbe mit Berlioz, leide mit Margarita, lande mit dem Meister in der Irrenanstalt, bange um sein Manuskript, lache und weine. Dann ist das Buch zu Ende.

Erschüttert klappe ich es zu. Schon jetzt weiß ich, dass ich es unbedingt noch einmal lesen muss. Zu vieles habe ich nicht begriffen ... Nachdenklich gieße ich den letzten Tee aus der Thermoskanne. Mein Blick fällt auf den Tisch. Dort liegt ein Berg Schlüssel. Die müssen meine Kommilitonen durch die Luke geworfen haben. Ich habe nichts gemerkt. Nun sehe ich, dass es draußen schon hell ist. Der Wecker zeigt kurz vor acht. Ich müsste hundemüde sein. Stattdessen fühle ich mich wie nach einer Frischzellenkur.

Zärtlich streiche ich über den Bucheinband. Wie gern würde ich meine gute Erziehung vergessen und das Buch in meinem Rucksack verschwinden lassen. Widerstrebend schiebe ich es zurück zwischen die Zeitschriften, stopfe meine Sachen in den Rucksack, verlasse das Kabuff und gehe zum Seminar. Heute schreckt mich nicht mal die Matheklausur. Bulgakows Geschichte trägt mich durch den Tag, macht mich leicht und unverletzlich.

Es dauert Monate, bis ich mir eine eigene Ausgabe des Romans besorgen kann. Ich kaufe sie in einer dunklen Kneipe, für ein Vielfaches des offiziellen Buchpreises, von einem Mann, der Bulgakows Professor für schwarze Magie erstaunlich ähnlich sieht. Ich bin überglücklich, es endlich zu besitzen.

Diese Ausgabe habe ich noch heute. Sie steht in meinem Regal unter der Kategorie Lieblingsbücher. Ich weiß nicht, wie oft ich dieses Buch schon gelesen habe. Es redet mit mir, beflügelt, amüsiert, tröstet und inspiriert mich. Es stillt meine Sehnsucht nach guter Sprache. Wenn ich es lese, weiß ich, dass ich nicht allein auf der Welt bin.

Die Nacht mit Bulgakow, als ich 25 war, werde ich immer in Erinnerung behalten. War es Zufall, dass ich das Buch fand? Ich glaube nicht. Ich liebe Bücher, und die Wahrscheinlichkeit, dass man findet, was man liebt, ist hoch. Lesen ist mir nicht nur Sinnbild der Muße, sondern auch Form des Gesprächs. Eines Gespräches, das Jahrhunderte überbrücken kann, mich aus meiner Zeit herausführt und mich in einem anderen Tempo ankommen lässt. Als Leserin bestimme ich, wie schnell oder langsam ich lese, wann ich innehalte, welche Stelle ich mehrmals lese, anstreiche, kommentiere. Wie gut, dass es Bücher gibt.

Übrigens: Es ist fast einhundert Jahre her, dass Michail Bulgakow begann, *Der Meister und Margarita* zu schreiben. In seinen letzten Lebensjahren litt er unter dem Dauerkonflikt mit der stalinistischen Zensur, seine Wohnung wurde durchsucht, seine Aufzeichnungen verschwanden, der Geheimdienst überwachte ihn, er wurde bedroht, erlebte Verhaftung und Tod von Kollegen und fürchtete zunehmend um sein eigenes Leben. All das hielt ihn nicht davon ab, sein Buch zu Ende zu bringen. Die letzten Seiten diktierte er seiner Frau Jelena kurz vor seinem Tod im März 1940. Erst sechzehn Jahre später, 1956, erschien die von der Zensur stark gekürzte Fassung des Buches, das heute als Klassiker der russischen Literatur des 20. Jahrhunderts gilt.

Einsteins Uhr

Mit 25 war ich voller Energie und genauso größenwahnsinnig, wie es sich für dieses Alter gehört. Nach der Ausbildung hatte ich mein Abi in der Abendschule bestanden, arbeitete Vollzeit, liebte meine Kinder, und nun war sogar noch ein Brief mit der Bewilligung des Studienplatzes ins Haus geflattert. Ich schwebte auf Wolken. Alles würde ich meistern, nichts konnte mich aufhalten. Dachte ich.

Das erste Semester bestand aus Mathematik und Physik. Ich war wild entschlossen alles zu begreifen. Mit den Vektoren, der Logik und der Infinitesimalrechnung klappte es noch einigermaßen. Auch für die Genauigkeit rechnerischer Beweise und die Klarheit wissenschaftlichen Denkens konnte ich mich durchaus begeistern. Ebenso für den zweiten Hauptsatz der Thermodynamik, der mich als überforderte Mutter enorm tröstete, besagte er doch, es sei ein Naturgesetz, dass Unordnung ständig zunähme. Ja, ich verliebte mich sogar ein wenig in die mystische Macht der Entropie.

Aber dann kam Einstein. Besser gesagt, es kam unser Dozent Kurz, ein Einsteinfan vom Feinsten, der nicht nur seinem Idol verblüffend ähnlich sah, sondern mit Thesen um sich warf, dass uns Hören und Sehen verging. Er hatte vor, uns die Relativitätstheorie nahezubringen, und redete sich in Eifer. Er behauptete, Einsteins Theorie gehöre zum Schönsten, was die Physik zu bieten habe, weder Zeit noch Raum seien feste Größen, auch wenn uns das bisher so vorgekommen wäre. Vielmehr würden sie von dubiosen Massen gekrümmt, gestaucht oder gedehnt. Dass wir diese Veränderungen nicht spürten, läge einzig an unseren »begrenzten Dimensionen«. Er forderte uns auf, rechten Winkeln zu misstrauen und unsere Uhren in den Müll zu werfen, da sie Spielzeuge seien. Ausschließlich die Lichtgeschwindigkeit, rief er, sei konstant. Unsere Zeit jedoch könne langsamer vergehen, stillstehen oder gar rückwärts laufen. Wenn man zum Beispiel eine Uhr in ein Flugzeug lege und es einige Runden kreisen ließe, könne man anschließend genau messen, dass die Zeit auf der Flugzeuguhr langsamer vergangen sei als auf Uhren, die nicht im Flugzeug gewesen wären.

Die Haare flogen ihm um den Kopf, begeistert kam er über Schwarze Löcher zu Einsteins Geigenspiel, die Lorentztransformation, Inertialsysteme, das Zwillingsparadoxon, vierdimensionale Kugeln, zweidimensionale Ameisen und Züge, die sich mit Lichtgeschwindigkeit bewegten, bis man glaubte, dass Raum und Zeit sich schon aufgrund seiner Ausführungen tatsächlich verschoben. Ich verstand kein Wort.

Doch Herr Kurz hatte ein Ziel. Er wollte uns das Denken beibringen. Folglich führte er ein Thema immer nur knapp ein, danach wählte er jemanden aus, der dazu einen Vortrag halten musste.

Was Einsteins Relativitätstheorie betraf, wählte Herr Kurz mich aus. Nun hatte ich ein Problem. Innerhalb einer Woche sollte ich ein Thema erfassen, für das ein Genie wie Einstein ein halbes Leben gebraucht hatte und von dem ich weder begriff, worum es überhaupt ging, noch welchen praktischen Nutzen es hatte.

Zuerst holte ich mir Fachliteratur aus der Bibliothek. Ich stapelte die Bücher auf dem Tisch, las Tag und Nacht, legte sie unters Kopfkissen. Das Begreifen wurde nicht besser. Ein Tag verging, zwei, drei. Ich geriet in Verzweiflung, dann in Trance, litt unter Schlafentzug, doch mein Gehirn weigerte sich, auch nur ein Zipfelchen Einstein zu erfassen. Was konnte ich tun? Herr Kurz war eine Autorität. Ich wollte ihn mit meinem Vortrag beeindrucken. Nicht zuletzt lag mir etwas an guten Zensuren. Und nun das. Mein Kopf war ein Vakuum.

Am fünften Tag fragte ich meine Kommilitonen, ob jemand mir die Relativitätstheorie wenigstens im Ansatz erklären könne. Das war nicht der Fall. Die anderen zeigten sich sogar ziemlich erleichtert, dass sie um den Vortrag herumgekommen waren.

Am sechsten Tag war ich völlig niedergeschlagen. Ich schwänzte die Vorlesungen. Das hatte ich noch nie gewagt. Stattdessen lag ich im Bett, starrte zur Deckenlampe und wusste genau, was Herr Kurz mit »begrenzten Dimensionen« gemeint hatte. Ich erwog das Studium zu schmeißen. Eine Fliege kreiste um die Deckenlampe. Immer rund herum, in einem Affentempo, ich konnte ihr kaum mit den Augen folgen. Minutenlang sah ich ihr nach.

Auf einmal kam mir die Idee. Herr Kurz liebte Experimente. Er war stets beeindruckt, wenn ein Student eine Theorie praktisch nachwies, statt sich in endlosen

Ausführungen zu ergehen. Natürlich! Ich würde es experimentell machen! Ich musste nur ein passendes Experiment für Einsteins Theorie finden. Doch welches?

Das Zwillingsparadoxon schied aus, da ich weder über einen Zwilling noch über eine Weltraumrakete verfügte. Auch Züge konnte ich schlecht im Seminarraum fahren lassen. Nein, es musste etwas Schlichtes sein, dafür mit überwältigender Wirkung.

Die Fliege kreiste wie ein Flugzeug. Die Uhr kam mir in den Sinn. Klar, ich könnte meine Uhr an einen Faden binden und das Flugzeugexperiment simulieren! Ich brauchte zwei Uhren, eine kreisende und eine ruhende. Die eine müsste ich so schnell durch die Luft schleudern, bis sie langsamer ging als die andere. Beim anschließenden Vergleich würden beide Uhren verschiedene Zeiten anzeigen, und ich hätte die Relativität bewiesen!

Sofort sprang ich aus dem Bett und begann mit dem Experiment. Ich knüpfte eine Schnur an meine Armbanduhr und übte den ganzen Nachmittag, sie möglichst schnell durch die Luft kreisen zu lassen, ohne dass sie irgendwo anschlug. Bald brachte ich es auf eine enorme Geschwindigkeit. Ich borgte mir eine Stoppuhr, um sowohl die Kontrolle über die Versuchsdauer zu haben als auch einen doppelten Beweis antreten zu können. Zwei Uhren konnten nicht lügen! Zeigten Herrn Kurzens Uhr und die Stoppuhr je fünf Minuten an, die gekreiste Uhr aber weniger, hatte ich gewonnen. Ein Sekundenzeiger an der Uhr wäre gut, dachte ich. Wegen der Genauigkeit. Meine Uhr hatte keinen. Also musste ich eine fremde Uhr nehmen, vielleicht von jemandem aus der Seminargruppe. Und ich wollte die anderen wetten lassen, um wie viel langsamer die kreisende Uhr innerhalb von fünf Minuten werden würde.

Mit einem guten Gefühl ging ich am nächsten Tag zum Seminar. Herr Kurz rief mich nach vorn.

Ich erklärte mein Experiment und bat um seine Uhr. Er sah mich skeptisch an, gab sie mir aber. Die angeblich genaueste Uhr der Seminargruppe wurde mir von Bodo gereicht. Er hatte sie gerade von seinem Onkel aus dem Westen geschenkt bekommen. Ich knüpfte die Schnur an Bodos Uhr und ließ die Leute Tipps zur Zeitdifferenz abgeben. Dann verglich ich die Uhrzeit. Es war 12.08 Uhr. Herr Kurz drückte auf die Stoppuhr, schrie: »Los!«, und ich begann, Bodos Uhr in einem Wahnsinnstempo um mich herumzuschleudern. Gebannt sahen die anderen zu. Die Spannung im Raum stieg. Ich konzentrierte mich auf die Kreisbewegung und merkte, wie mein Arm verkrampfte. Fünf Minuten können sehr lang sein.

»Stopp!«, schrie Herr Kurz.

Ich hielt die Schnur fest, legte Bodos Uhr neben die unseres Dozenten – und was ich dort sah, konnte ich selbst nicht glauben. Die Kurz-Uhr zeigte 12.13 Uhr, Bodos Uhr 12.09 Uhr. Vier Minuten! Nicht einer hatte auf so eine große Differenz getippt! Herr Kurz legte die Stoppuhr auf den Tisch. Auch sie zeigte fünf Minuten. Ich konnte mein Glück kaum fassen. Ehrfürchtig gab ich das Ergebnis bekannt und schaute in erstaunte Gesichter. Innerlich fiel ich vor Einstein auf die Knie und sah mich schon mit meinem Experiment in die Höhen der physikalischen Wissenschaft aufsteigen, als Herr Kurz hinter mich trat. Behutsam nahm er Bodos Uhr vom Tisch, hielt sie sich ans Ohr und verkündete, sie habe das Experiment leider nicht länger als eine Minute überlebt. Bodo sprang auf und überschüttete mich mit Flüchen.

Herr Kurz würdigte meinen kreativen Ansatz, wies mich jedoch darauf hin, dass meine Versuchsanordnung nur eines beweise: dass ich die Relativitätstheorie nicht im Ansatz verstanden hätte. Denn ihr Beweis könne ausschließlich theoretisch erfolgen, da wir auf der Erde nur selten Lichtgeschwindigkeit erreichten. Ich verwies auf sein Uhr-Flugzeug-Experiment. Dieses Flugzeug, sagte er, sei natürlich ebenso theoretisch. Wenigstens das hätte mir klar sein müssen. Außerdem müsse es mehrmals die Erde umkreisen und die Uhren müssten Atomuhren sein, sonst wäre die Differenz gar nicht messbar. Entsprechend fiel meine Note für den Vortrag aus. Ich war eine physikalische Niete.

Der Ärger mit Bodo dauerte länger. Er behauptete, ich hätte seine Uhr absichtlich zerstört, weil ich sie ihm neidete. Er forderte Ersatz, was mir aufgrund fehlender Westverwandtschaft unmöglich war. Außerdem bezweifelte ich die Qualität seiner West-Armbanduhr, wenn sie schon nach einer Minute Kreisen kaputtging. Meine DDR-Uhr hatte ich einen kompletten Nachmittag lang durch die Luft geschleudert, und sie funktionierte noch immer. Wir einigten uns, dass ich die Reparatur bezahlen würde. Es wurde die teuerste Uhrenreparatur, die ich je in meinem Leben in Auftrag gab. Sie kostete 120 Mark, ein gesamtes Monatsstipendium.

Ein unverhältnismäßig hoher Preis für eine 5 in Physik, fand ich damals.

Heute weiß ich, dass das Erkennen eigener Begrenztheit einem in der Regel mehr abverlangt als Geld und um einiges schmerzhafter sein kann. Was zeigt, dass nicht nur die Zeit, sondern auch die Bewertung eines Erlebnisses relativ ist.

Ansonsten brauche ich inzwischen keinen Beweis mehr dafür, dass Zeit sich dehnt, krümmt oder schrumpft. Das habe ich schon zu oft erlebt. Die Zeit macht eben, was sie will. Und das ist gar nicht weiter schlimm. Weil es wichtiger ist zu leben, als Minuten zu zählen.

Davon abgesehen halte ich den Zustand, keine Beweise mehr zu brauchen, sondern stattdessen der eigenen Wahrnehmung zu trauen, für einen nicht zu unterschätzenden Vorteil des Alters.

WINTERSCHLAF

Auch der Bär schläft im Winter
Zur Ruhe kommen
Igel und Dachs

Tulpe und Krokus
Liegen im Dunkeln
Und blühen erst nach dem Frost

Auch wir
Müssen Atem holen
Wenn wir leben wollen

Ein Blick aus dem Fenster

Verzagt schließe ich die Tür auf. Ich drücke die Klinke herunter und trete über die Schwelle.

Ein Wohnzimmer. Sein Wohnzimmer. Seine Möbel sind alle noch da. Wie begreift man die Abwesenheit eines Menschen?

Ich setze mich in seinen Sessel. Schaue aus dem Fenster. Es ist früher Vormittag. Morgenlicht färbt die Gardinen golden, wirft einen hellen Fleck auf den grünen Wollteppich. Diesen Teppich hat er erst vor fünf Jahren gekauft. Sonst war er sehr sparsam. Er fand immer, es lohne sich nicht mehr, etwas Neues anzuschaffen. Doch einmal, als wir unterwegs waren, sah er diesen Teppich. Fasste ihn an. Und kaufte ihn.

Ich bin nicht wegen des Teppichs hier. Die Wohnung muss leer geräumt werden. Alles muss sortiert werden. Ich sollte jetzt aufstehen. Mir alles ansehen. Ich sollte Schränke öffnen, Schubladen aufziehen, seine Dinge in die Hand nehmen. Ich muss entscheiden, was damit geschehen soll.

Doch nicht der leiseste Impuls einer Bewegung ist in mir. Ich schmiege mich in den Sessel. Ziehe Schuhe und Strümpfe aus. Stelle die nackten Füße auf den Teppich. Betrachte sein Zimmer. All diese kostbaren Dinge, die ihm so wichtig waren. Nun stehen sie hier, und er ist weg. Kann sich nicht mehr an ihnen freuen.

Seine Brille liegt noch auf dem Tisch. Als käme er gleich herein und setzte sie sich auf die Nase.

Er kommt nicht herein. Wir haben ihn begraben. Er ist nicht mehr hier. Ich sitze in seinem Sessel, lasse den Blick durch das Zimmer gehen und rühre mich nicht. Mein Vater fehlt. Dieses Zimmer ist das Zimmer meines Vaters ohne meinen Vater.

Er mochte es warm und gemütlich. Die Heizung gern voll aufgedreht. Jedes Ding an seinem Platz. Jeden Morgen die Taschenuhr aufziehen. Dann die Zeitung aus dem Kasten holen. Dann Zeitung lesen. Vor dem Mittagsschlaf die Tasse und die Kaffeedose für nachmittags bereitstellen. Daneben das Buch für die Nachmittagslektüre. Jeden Abend die beiden Gewichte der Standuhr hochziehen. Er liebte Gewohnheiten. Im Laufe seines Lebens war die Welt so viele Male in Unordnung geraten, dass er kein Durcheinander mehr ertrug. Einen Tag vor der Weltwirtschaftskrise geboren, stolperte er mit fünfzehn in Hitlers Krieg. Zum Glück hatte er Angst. Lief weg, versteckte sich, hungerte, fror, schlug sich nach Hause durch. Er schaffte es. Kurz danach war der Krieg vorbei, sein Vater in Gefangenschaft, die Mutter und die Geschwister im Westen. Die Mauer zwischen ihnen. Und wieder Soldaten, die sie bewachten. Immer Krieg, immer Angst und zu viel Einsamkeit. Ja, er hatte genug gefroren. Er brauchte ein warmes Zimmer und einen flauschigen Teppich.

Erst jetzt fällt mir auf, dass das Ticken fehlt. In diesem Zimmer tickte es sonst immer. Ein freundliches Zerhacken der Zeit, ein leises, gemeinsames Einrasten der Sekunden. Und wirklich: Die Gewichte der großen Standuhr sind nach unten gewandert. In den Uhrkasten hinein, dort, wo sich das siebte Geißlein versteckt. Das glänzende Messingpendel ruht. Die Standuhr, ein Erbstück seines Großvaters mütterlicherseits, zeigt zwanzig Minuten nach drei. Dabei haben wir Vormittag.

Mein Vater hat Uhren um sich versammelt, als wolle er die Herrschaft über die Zeit gewinnen. Er war ein Uhrensammler, besonders liebte er die mechanischen. Ihn faszinierte das Surren der Riemen, das Ineinandergreifen der Räder, die Bewegung der Perpendikel, Kolben, Stangen und Federn. Er schwärmte für Gesetzmäßigkeiten, die sich begreifen ließen, für die Zuverlässigkeit, das Funktionieren. Er bewunderte den kraft Mechanik angetretenen Beweis menschlicher Klugheit. Wenn er von Besuchen auf dem Jahrmarkt erzählte, als kleiner Junge an der Hand seiner Mutter, von Drehorgeln, Musikautomaten, selbstspielenden Klavieren, Orchestrions und Riesengrammophonen, leuchteten seine Augen.

Das Ticken fehlt. Wann er die Standuhr wohl das letzte Mal aufgezogen hat? Ich sehe ihn vor mir, wie er behutsam den Uhrkasten öffnet. Wie elegant er die Gewichte nach oben gleiten lässt. Diese Standuhr hörte ich fast bei jedem unserer Telefonate schlagen. Zu jeder Viertelstunde einen Schlag mehr. Und zur vollen Stunde mit einer anderen Glocke die Uhrzeit.

Ich gehe zu der Uhr, schließe den Kasten auf und stoße das Messingpendel mit dem Finger an. Ein zaghaftes Tickgeräusch ertönt. Ein zweites. Dann schwingt das Pendel aus, und es ist wieder still.

Seine Standuhr. Zeit, in Eiche verpackt. Mit Intarsien und Schnitzereien verziert. Mit Blumen- und Rankenmustern. Sie ist nicht die einzige Uhr in diesem Zimmer. Es gibt noch fünf andere. Die runde Uhr mit der Glasglocke, die auf der Nähkommode steht. Die beiden Wanduhren rechts und links des Fensters, die er beim letzten Umzug im Doppelpack kaufte. Die Taschenuhr mit der Goldkette auf dem Tisch, neben seiner Brille. Und den blauen Wecker neben dem Telefon. Bei der Glasglockenuhr schwingen normalerweise die Flügel elegant nach rechts und links. Heute ruhen sie. Auch die Taschenuhr hat den Geist aufgegeben. Dass aber auch die beiden batteriebetriebenen Wanduhren und der Wecker stehen geblieben sind, verblüfft mich. Vielleicht haben sie keine Lust mehr, weil sich niemand mehr an ihnen freut?

Sechs Uhren. Sechs verschiedene Zeiten. Ich kann mir eine aussuchen.

Langsam gehe ich zum Sessel. Kuschle mich hinein. Streichle den Stoff. Hier hat mein Vater gesessen. Hier war sein Platz. Er ist alt geworden. Dafür bin ich dankbar. Die Zeit war ihm wichtig. Nun hat er sie mitgenommen.

Kurz habe ich den Impuls, auf meinem Handy nach der richtigen Uhrzeit zu sehen. Doch ich lasse es. Die richtige Zeit – was soll das sein? Es ist jetzt. Es ist hier. Es ist vier Wochen, nachdem mein Vater über die

Grenze gegangen ist. Dorthin, wo es keine Zeit mehr gibt.

Ich sitze im Sessel. Lange. Ich denke an den letzten Besuch bei meinem Vater. Wie gut, dass wir Zeit hatten. Wie gut, dass ich Danke sagen konnte.

Lange lausche ich ins Zimmer. Ob es mir etwas zu sagen hat. Das Zimmer schweigt.

Vor mir auf dem Tisch liegt eine Holzschachtel, rot lackiert, mit einem schwarzen Bild auf dem Deckel: ein Bauer, die Hand am Pflug, der hinter seinem Ochsen geht. Eine schöne Schachtel. In ihr hat mein Vater seine Korrespondenz aufbewahrt. Ich habe oft gesehen, wie er dort Briefe hineinlegte. Er bekam gern Post und beantwortete sie zuverlässig. Briefe zu schreiben, war sein natürliches Kommunikationsmittel. Dem Telefon traute er nicht recht. Meine Versuche, ihn zu einem Anrufbeantworter zu überreden, gab ich irgendwann auf.

Ich nehme die Kiste und öffne sie. Es sind Briefe und Karten darin, ein ganzer Stapel. Obenauf liegt eine Postkarte, datiert vom Oktober 1961, in Sütterlin. Auf der Briefmarke ein verblichener grüner Schmetterling. Ich kann Sütterlin nur in Druckschrift fließend lesen. Ich nehme die Karte und betrachte die feinen Buchstaben. Eine saubere Füllerschrift, etwas verblasst. Mein Großvater grüßt meinen Vater: »Herzlich, Dein Dich liebender Vater«. Vom restlichen Text entziffere ich nur einzelne Worte: »kommen« und »Garten« und »zu Hause«. Die Karte ist dünn, das Papier vergilbt, eine Ecke ausgefranst, als sei sie oft in die Hand genommen worden. Auf der Vorderseite ist ein Schwarzweißfoto:

Ein Mädchen mit einem Asternstrauß im Arm steht auf einer Wiese und lächelt den Betrachter an. Ein jahrzehntealter Gruß. Von einem Vater an seinen erwachsenen Sohn. Ein Versuch, in Verbindung zu bleiben. Über hunderte Kilometer hinweg. Über die gerade geschlossene deutsche Grenze hinweg. Ein Versuch, sich Mut zu machen. Ein fröhliches Kind als Symbol. Ein schwarz-weißer Blumenstrauß. Eine Zusage per Füller. Blau auf Weiß.

Da begreife ich. Was ist schon ein Telefonat? Man hört die Stimme des anderen. Man sagt sich etwas. Man legt auf. Dann ist der andere weg. Schon am nächsten Tag weiß man nicht mehr, ob man das Ganze geträumt hat, der Sehnsucht wegen. Ein Anrufbeantworter macht das nicht besser. Man kann den Anruf zwar speichern, doch der andere fehlt. Man hört seine Stimme, doch man kann ihn nicht anfassen und nicht ansehen. So eine Karte aber bleibt. Die hat jemand in der Hand gehabt. Die hat er extra für einen ausgesucht. Er hat sich hingesetzt, sich Zeit zum Schreiben genommen und die Karte auf Wanderschaft geschickt. Über eine Grenze, so stark bewacht, dass Menschen an ihr sterben. Doch die Karte ist herübergekommen. Mutige Botschafterin der Menschlichkeit, steckte sie eines Tages im Briefkasten.

Solch eine Karte kann man bei sich haben, in die Tasche stecken, mit sich herumtragen. Man kann sie in eine Holzschachtel legen. Man kann sie wieder lesen, über Jahre, Jahrzehnte hinweg, sogar über den Tod des Schreibers hinaus. Sie ist ein Beweis. Selbst nach sechzig Jahren steht dort: »Dein Dich liebender Vater«.

Der Mensch ist körperlich. Der Mensch braucht Dinge.

Ich nehme mir vor, sobald ich zu Hause bin, ein paar Karten mit Grüßen zu schreiben. An Menschen, die ich mag. Schade, dass ich keine Postkarte in den Himmel adressieren kann. Mein Vater würde sich bestimmt freuen.

Irgendwann stehe ich auf. Öffne das Fenster. Draußen wird es schon dämmrig. Es ist Ende November. Die dunklen Tage beginnen. Ich stelle fest, dass ich nichts getan habe. Dass ich keinen Schrank geöffnet, keine Schublade herausgezogen, nicht geräumt, nicht sortiert habe. Stattdessen bin ich in eine seltsame Langsamkeit gefallen wie in eine Hülle. In mir ist es friedlich. Ich merke, dass ich diese Langsamkeit und diesen Frieden nötig habe, um zu begreifen, dass mein Vater gestorben ist.

Die Sonne geht unter. Der Himmel schillert in violett und rot. Bis zum Rand der kleinen Stadt kann ich sehen. Bis zu den Wiesen, auf denen an manchen Tagen Kühe grasten. Nun sind die Wiesen leer. Wahrscheinlich ist es zu kalt für die Kühe. Neben den Wiesen sehe ich Felder, längst abgeerntet und umgepflügt, deren Herbstgrau zart rot überhaucht ist. Dahinter der Saum des Waldes.

Manchmal, wenn wir morgens telefonierten, erzählte er mir, wie schön der weiße Nebel vor dem blauen Wald aussieht.

Die Kirsche

Im Mai starb Mizi, meine geliebte Katze. Ich war neun. Mizi war schon immer da gewesen, seit ich denken konnte. Sie war mir Spielgefährtin gewesen, Trösterin, geduldige Zuhörerin. Und nun sollte ich einsehen, dass alles Lebendige eines Tages aufhört, lebendig zu sein. Ich war untröstlich.

Mizi lag auf ihren Lieblingskissen, sah aus wie sonst, aber sie rührte sich nicht mehr. Meine Eltern sagten, wir dürften sie im Garten begraben.

Also ging ich in die Tischlerwerkstatt und baute ein schönes Holzkreuz. Darauf schrieb ich mit Buntstiften ihren Namen und ihr Alter: Mizi. 18 Jahre.

Ich trug Mizi auf ihrem Kissen in den Garten. Mit meiner Schwester war ich übereingekommen, dass wir ihr ein Grab unter dem Süßkirschbaum machen würden. Wir gruben ein Loch zwischen den Kirschwurzeln, legten Mizi samt Kissen hinein und bedeckten sie mit Erde. Ich steckte das Kreuz ans Kopfende. Danach pflückten wir Vergissmeinnicht und legten so viele Blüten auf ihr Grab, dass es wie ein blauer Berg aussah. Dann sangen wir ein Lied aus dem Gesangbuch: Wenn ich einmal soll scheiden. Es war eine schöne Beerdigung, doch mir war sie viel zu schnell gegangen. Ich wäre gern noch länger an dem Grab gestanden, hätte gern noch mehr Lieder gesungen und Gebete gesprochen und von Mizi erzählt.

Am Abend lag ich im Bett, dachte an Mizi und weinte. Sonst hatte sie sich beim Einschlafen an meine Füße gekuschelt. Jetzt waren die Füße kalt. Doppelt so alt wie ich war sie geworden. Nun lag sie in diesem Grab, in der Erde, ganz allein. Was geschah dort mit ihr? Ob sie fror? Dass sie in den Katzenhimmel käme, daran hegte ich keinen Zweifel, so lieb wie sie gewesen war, aber was in den Himmel kam, das war ja nur ihre Seele. Was passierte mit ihrem Körper?

Am nächsten Morgen fragte ich meine Eltern. Sie sagten, Mizis Körper würde sich zersetzen, er würde sich auflösen und von ihm würde nichts übrig bleiben. Zersetzen? Nichts übrig bleiben? Das wollte ich mir nicht vorstellen. Es durfte nicht sein, dass von Mizi nichts übrig blieb. Mein Vater tröstete mich. Er meinte, Mizi sei sehr alt geworden für eine Katze. Mehr könne man nicht erwarten. Bestimmt würden wir eines Tages eine neue Katze haben. Ich wollte keine neue Katze. Ich wollte Mizi zurück.

Je mehr sie mir fehlte, umso mehr grübelte ich darüber nach, was mit ihr unter der Erde geschah. Ich kam zu keinem Ergebnis. Im Juni war meine Neugier so groß, dass ich den starken Drang verspürte, Mizis Grab zu öffnen und nachzuschauen. Meine Schwester wurde wütend, als ich ihr von diesem Plan erzählte. Sie meinte, das wäre Störung der Totenruhe und sei verboten. Dafür könne man ins Gefängnis kommen. Also ließ ich es. Ins Gefängnis wollte ich nicht. Doch die Frage quälte mich. Was wurde aus jemandem, der tot war? Warum gaben die Erwachsenen einem keine richtigen Antworten?

Ich fragte meine Schwester. In ihrer drastischen Art erklärte sie mir, der Tod sei etwas Böses und Ekliges. Der Körper würde erst schrecklich anfangen zu stinken und danach im Grab verfaulen und vergammeln wie ein matschiger Apfel. Ich weigerte mich, diese hässlichen Worte mit Mizi in Zusammenhang zu bringen. Fast spürte ich noch ihr seidiges Fell zwischen den Fingern. Ihre Wärme. Ihren Herzschlag. Nein, bestimmt hatte sich das meine Schwester wieder nur ausgedacht, um mich zu quälen.

Doch Mizi lag in der Erde. Unter einem Hügel mit vertrockneten Vergissmeinnichtblüten. Durch diesen Hügel konnte ich nicht hindurchgucken. Wegräumen konnte ich ihn ebenfalls nicht, wenn ich nicht mit der Polizei zu tun bekommen wollte. Wie sollte ich herausfinden, was mit Mizi passierte?

Im Juli wurden die Kirschen reif. Als ich unter dem Baum stand, neben Mizis Grab, über den Tod nachdachte und haufenweise Kirschen in mich hineinstopfte, kam mir die rettende Idee. Ich sah eine Kirsche an. Auch die hatte ja eben noch gelebt. Prall und rot und süß hatte sie am Baum gehangen. Ich hatte sie abgepflückt. War sie nun gestorben? Aß ich tote Kirschen? Gleich verging mir der Appetit. Wenn aber die Kirsche in meiner Hand tot war, dann könnte ich mit ihrer Hilfe herausfinden, was mit einem Toten passierte! Ich könnte die Kirsche begraben und später nachgucken. Sicher war das bei einer Kirsche keine Störung der Totenruhe. Mir fielen die Stare, Amseln und Elstern ein, die so gierig auf Kirschen waren und jede einzelne von der Wiese pickten. Bestimmt würden sie das Grab öffnen und die Kirsche auffressen. Dieses Vorgehen war zu unsicher. Ich musste die Kirsche mit nach Hause nehmen und dort in einen Sarg legen, am besten einen aus Glas, wie es die Zwerge mit Schneewittchen gemacht hatten. So könnte ich immer nachsehen.

Gedacht, getan. Ich suchte mir eine besonders schöne, große Kirsche aus, trug sie nach Hause, bettete sie auf einen Wattebausch, legte diesen in ein Marmeladenglas und baute um das Glas herum ein Legosteingrab mit Dach. Das Legograb stellte ich unter mein Bett.

Nun sah ich jeden Tag nach.

Zuerst passierte nichts. Tag für Tag schaute ich, und die Kirsche blieb einfach eine Kirsche. Mizi würde also weiter wie Mizi aussehen. Das beruhigte mich.

Während der Sommerferien vergaß ich die Kirsche ein bisschen, weil ich anderes zu tun hatte. Im August fiel sie mir wieder ein, ich sah nach und stellte fest, dass sich die Watte dort, wo die Kirsche lag, etwas rot verfärbt hatte. Die Kirsche war ein wenig eingeschrumpelt. Sie hatte Falten und Runzeln wie eine alte Frau, aber sonst sah sie noch wie eine Kirsche aus.

Im September begann das neue Schuljahr. Anfang Oktober holte ich das Legograb unter dem Bett hervor, hob das Dach hoch und sah, dass die Kirsche kleiner geworden war. Ihr Rot war nicht mehr so leuchtend. Es war dunkler. Ein schönes Weinrot.

Im November war sie noch kleiner, höchstens halb so groß wie am Anfang. Der Kirschgeruch war nur noch schwach, doch stinken tat sie nicht. Meine Schwester hatte also unrecht gehabt. Kein Verfaulen und Vergammeln. Mizi sah jetzt nicht wie ein verfaulter Apfel aus, sondern war nur ein bisschen kleiner und runzliger geworden.

Im Dezember roch die Kirsche nicht mehr nach Kirsche. Sie roch nach nichts. Ihre Runzeln waren tief eingesunken und fühlten sich hart an. Aber rot war sie noch.

Ich schlief unter meinem dicken Federbett. Die Kirsche schlief in ihrem Grab aus Watte und Glas und Legosteinen. Sie wurde kleiner und kleiner. Im Januar war sie hart wie Stein. Das Rot sah fast schwarz aus. Im Februar sah sie unverändert aus. Im März auch. Im April auch. Ich schaute immer seltener nach ihr.

Im Mai, zur Vergissmeinnichtzeit, ging ich zu Mizis Grab und stellte fest, dass es voller blühender Vergissmeinnicht war. Vor lauter Blüten konnte man den Grabhügel kaum noch sehen. Das Kreuz fand ich noch, die Buntstiftschrift war verblichen. Ich dachte an Mizi und merkte, dass es nicht mehr so schlimm wehtat wie vor einem Jahr. Sie lag dort in der Erde und wurde kleiner und kleiner. Das war in Ordnung. War sie inzwischen so groß wie ein Meerschwein? Oder wie eine Maus? Doch was käme danach? Erst wie ein Fingerhut, dann wie eine Johannisbeere? Und dann? Hatten meine Eltern recht gehabt, als sie sagten, es bliebe nichts? Wäre Mizi am Ende einfach weg?

Ich sah nach der Kirsche. Als ich den Legoeckel anhob und das Glas herausnahm, befürchtete ich, sie könne verschwunden sein und ich hätte die letzte Phase verpasst, in der ich hätte sehen können, wie das Verschwinden vor sich geht. Ich drehte den Deckel des Glases ab. Welch eine Erleichterung. Da lag noch etwas in der Watte.

Ein kleiner, nackter Kern.

Ich nahm ihn heraus, sah ihn mir an, und schlagartig breitete sich ein helles Gefühl in mir aus, das nur entsteht, wenn man von einer Erkenntnis überwältigt wird. Auf einmal hatte ich alles verstanden: Warum es den Tod gibt. Was nach dem Tod kommt. Warum man Tote in die Erde legt. Ein Kern!

Na klar! Die Kirsche trug den Baum in sich. Das war ihr Wesen. Wenn etwas starb und begraben wurde, blieb sein Wesen übrig. So einfach war das.

Und was hieß das für Mizi? Mizi war ja nun keine Kirsche. Ihr Kern musste anders sein. Wenn der Kern der Kirsche der Kirschbaum war, eben das, was sie weitergab, musste Mizis Kern auch das sein, was sie weitergegeben hatte. Ihre Zärtlichkeit. Die war jetzt in mir. Das konnte ich deutlich spüren.

Ich war glücklich.

Ich hatte das Geheimnis des Todes und das Geheimnis des Lebens entschlüsselt. Meine Eltern hatten unrecht gehabt. Es blieb etwas. Meine Schwester hatte unrecht gehabt. Der Tod war nichts Böses. Er war eine Verwandlung. Ein Wunder.

Wenn man lange genug wartete, so lange, wie ein Wunder brauchte, um fertig zu werden, brachte der Tod das Wesen des Toten zum Vorschein. Ich war stolz, das Experiment gemacht und mir so viel Zeit damit gelassen zu haben. Nun wusste ich, dass Mizi für immer bei mir sein würde.

Edelsteine

Es soll ein Wiedersehen werden, ein gemeinsamer Ausflug ans Meer, am Wochenende ihres Geburtstages. Zwei Tage nur für uns, Spaziergänge am Strand, erzählen, lachen, bummeln, gebratene Scholle essen und abends ein schönes Glas Rotwein. Meine Freundin und ich telefonierten oft, seit sie fortgezogen war. Doch telefonieren reicht nicht. Wir haben uns zu lange nicht gesehen.

Ich komme als Erste an. Steige aus dem Zug, lasse mir den Wind ins Gesicht pusten und habe gleich Lust, zum Strand zu gehen. Überquere ich in Warnemünde die Brücke über den alten Strom, bin ich sofort in Urlaubsstimmung. Es riecht nach Fisch, Tang, Zuckerwatte und Bratwurst. Die bunten Holzkutter schaukeln auf dem Kanal, vereinzelte Touristen stehen auf der Brücke. Saisonende. An den wenigen Buden, die dem Oktobersturm trotzen, flattern die Markisen, als wollten sie gleich abheben.

Auf dem Weg zur Pension kaufe ich einen Blumenstrauß. Lila Astern. Die mag meine Freundin. Damit will ich sie überraschen, wenn ich sie nachher am Bahnhof abhole. Ich bringe mein Gepäck zur Pension, finde das Zimmer gemütlich und mache noch rasch einen Schlenker zum Strand. Das Wasser ist aufgewühlt. Es scheint ein Sturm im Anmarsch zu sein.

Die Ansage der Zugverspätung kommt, als ich den Bahnsteig betrete. Zwanzig Minuten. Ärgerlich, aber nicht zu ändern. Der Wind ist eisig. Ich schnuppere an den Astern und suche einen Warteraum. Es gibt keinen. Also drücke ich mich in eine Mauernische. Kurz bevor die zwanzig Minuten um sind, kommt die nächste Ansage. Weitere dreißig Minuten. Unwetterschäden. Man bitte um Verständnis. Dreißig Minuten! Schon jetzt bin ich bis auf die Knochen durchgefroren. Ich steuere die Bäckerei hinter der Brücke an.

Eine halbe Stunde später stehe ich auf dem Bahnsteig. Es kommt kein Zug. Es kommt auch keine Ansage mehr. Ich beginne mir Sorgen zu machen. Unwetterschäden? Was heißt das? Warum hat meine Freundin nicht angerufen? Sie ruft doch sonst immer an. Ich wähle ihre Nummer und erschrecke, als eine Ansage kommt, diese Nummer sei nicht vergeben. Ich wähle noch einmal. Dieselbe Ansage. Ich frage am Schalter. Der Zug, erfahre ich, stehe zwischen Berlin und Rostock. Er habe einen Lokschaden. Wegen eines Baumes, der beim Sturm auf die Schienen gestürzt sei. Nein, man könne mir nicht sagen, wann er in Warnemünde einträfe. Ob Passagiere verletzt seien, wisse man nicht.

Jetzt habe ich Angst. Ist meiner Freundin etwas zugestoßen? Ist sie im Krankenhaus? Oder gar im Zug eingeklemmt? Ist der Zug entgleist? Kommen die Rettungskräfte durch? Weiß ihr Mann Bescheid? Ich rufe ihn an, erreiche aber nur seinen Anrufbeantworter.

Ich bin zu nervös, um in der Pension auf sie zu warten. Ich gehe an den Strand. Der Sturm hat zugelegt und peitscht die Wellen meterhoch. Die Gischt bricht tosend ans Ufer. Sand, Himmel, Luft und Wasser sind nur noch Grautöne, die sich vermischen und gegeneinanderknallen, bis ich sie kaum noch unterscheiden kann. Der Horizont ist nicht auszumachen. Ich bin allein am Ufer. Bestimmt ist es genau der Sturm, der vor Kurzem über den Gleisen tobte, auf denen meine Freundin unterwegs war. Das Grau packt mich, kriecht mir unter die Haut, wird bedrohlicher. Wieder versuche ich, sie zu erreichen. Jetzt kommt weder eine Ansage noch ein Freizeichen. Auch ihr Mann geht nicht ans Telefon.

In der Pension stelle ich fest, dass der Asternstrauß weg ist. Ich muss ihn am Bahnhof liegen gelassen haben.

In der Nacht plagen mich Albträume.

Am nächsten Morgen weckt mich das Handy. Es ist meine Freundin. In ihrer unnachahmlichen Art schildert sie den Einsatz der Rettungskräfte wie ein Abenteuer. Ich lausche ihrer Stimme und muss vor Erleichterung abwechselnd weinen und lachen. Ihr ist nichts passiert! Gott sei Dank! Auch kein anderer Passagier ist zu Schaden gekommen. Nur der Lokführer, sagt sie, hat, als der Baum auf das Fahrerhaus knallte, seinen Kaffee verschüttet. »Er ist mit seiner nassen Kaffeehose durch den Zug gelaufen und hat uns alle getröstet!« Sie lacht. Ich kann gar nicht genug von ihrer Stimme bekommen. »Du«, sagt sie, »gestern, als wir aus dem Zug raus waren, bin ich nach Hause zurückgefahren. Das war alles zu heftig. Sei nicht traurig, ja? Unser gemeinsames Wochenende holen wir nach.«

»Traurig?«, sage ich. »Ich bin so froh, dass du lebst! Alles andere ist unwichtig! Ach, übrigens: Herzlichen Glückwunsch zum Geburtstag!«

Ich bin unendlich erleichtert, als ich auflege.

Aus dem Fenster sehe ich das Meer. Der Himmel ist heute sonnendurchflutet und vergissmeinnichtblau, das Wasser silbern, der Sand gelb. Weit draußen schwimmt ein Dampfer. Der Horizont ist klar. Der Sturm vorbei.

Ich gehe runter ans Meer und setze mich auf ein heimlich mitgenommenes Pensionskissen, lasse den Blick übers Wasser gleiten und schaue den Horizont an, diese geheimnisvolle Linie zwischen Himmel und Erde. Leise schwappt das Wasser ans Ufer. Es macht die kleinen Kiesel glänzen, die das gestrige Unwetter angespült hat.

Langsam lasse ich die Hände durch den feuchten Sand gleiten. Ein paar Sandkörner bleiben an meinem Zeigefinger hängen. Sie sehen aus wie farbige Edelsteine.

Wie wunderbar doch die Welt wird, wenn einem gerade klar wurde, wie zerbrechlich das Leben ist.

Die Grenze

Wir haben nicht alle die gleiche Zeit. Manche gehen früh, manche bleiben lange. Niemand kennt im Voraus seine Lebensfrist.

Der älteste Mensch, den ich kennenlernte, war über einhundert Jahre alt. Ich war sieben und spielte in der Tischlerei. Ich liebte den Geruch nach Holz und Leim in der Werkstatt. Ich liebte den alten Tischler, weil er nett zu mir war. So oft ich konnte, sah ich ihm bei der Arbeit zu. Auf dem Hof dieser Tischlerei saß tagaus, tagein eine greise Frau. An ihr musste ich vorbei, wenn ich zur Werkstatt wollte. Zusammengesunken saß sie in einem riesigen Rollstuhl und gab keine Antwort, wenn man ihr guten Tag sagte. Manchmal, wenn ich früh dran war, sah ich, wie sie von ihrer Familie in den Hof geschoben wurde. Manchmal, wenn ich spät ging, sah ich, wie sie wieder ins Haus geschoben wurde. Vielleicht sollte sie Luft und Sonne haben. Oder ihre Familie konnte sie tagsüber nicht betreuen. Manchmal sah ich, wie der Tischler auf den Hof ging und der Frau etwas zu trinken gab.

Damals fand ich Leute mit dreißig Jahren alt und Leute mit fünfzig Jahren uralt. Für das Alter dieser Frau hatte ich schlicht kein Wort mehr. Sie war jenseits all meiner Vorstellungen alt. Wohl deshalb hatte ich immer eine gewisse Scheu vor ihr. Wie sie reglos dasaß, die Augen halb geschlossen, erinnerte sie mich an ein dösendes Krokodil. Ich grüßte sie zwar, wie es sich gehörte, traute mich jedoch nie näher an sie heran. Über hundert Jahre sei sie, hatte der Tischler mir gesagt.

Erst viel später erschloss sich mir diese Dimension. Als sie etwa dreißig gewesen war, waren in Afrika die ersten deutschen Kolonien entstanden. Hatte sie vom Burenkrieg und vom Herero-Aufstand in der Zeitung gelesen? Das erste Auto bestaunt? Wurde sie bei Ausbruch des Ersten Weltkriegs Großmutter? Wie erlebte sie die Novemberrevolution, die Abdankung des Kaisers, die Russische Revolution, die Weimarer Republik, die »Goldenen Zwanziger«, Weltwirtschaftskrise, Inflation, Nationalsozialismus und den Zweiten Weltkrieg? Hörte sie von der Gründung Israels, vom Koreakrieg? Bewunderte sie Juri Gagarin, als er ins Weltall flog? Protestierte sie gegen den Vietnamkrieg? Jedenfalls war sie im August 1961 gemeinsam mit vielen anderen eingemauert worden, saß nun im Tischlerhof einer Kleinstadt im Norden der DDR, in dem es nach Holz und Leim roch und ließ sich die Sonne auf ihre runzlige Haut scheinen.

Die Schule ging zu Ende, ich wurde sechzehn, zog von zu Hause weg, begann mit der Ausbildung und dachte nicht mehr an die alte Frau. Und dort, in der Ausbildung, lernte ich den jüngsten Menschen meines Lebens kennen.

Es war ein Mädchen. Es lag in einem von vier Inkubatoren im Zimmer der Frühchenstation, für das ich als Schwesternschülerin verantwortlich war. Es war 27 Zentimeter groß, 550 Gramm schwer und im fünften Schwangerschaftsmonat geboren worden. Als es zu uns kam, waren meine drei anderen Inkubatoren leer, sodass ich ausreichend Zeit hatte, mich um die Kleine zu kümmern.

Nie zuvor hatte ich ein so winziges Kind gesehen. Alles war schon vorhanden: das feine Gesicht, Nase, Mund, Ohren, Haare, winzige Finger mit Fingernägeln, winzige Füße. Wenn das Mädchen die Augen öffnete, war ich ergriffen. Es sah so weise aus. Oft saß ich nur vor ihm und staunte es an. In regelmäßigen Abständen gab ich ihm Milch über den Schlauch der Magensonde, gute Muttermilch, die wir von der Säuglingsstation bekamen. Acht Stunden täglich bemühte ich mich um das kleine Mädchen, erzählte ihm Geschichten vom Frühling, von den Blumen, vom Duft der Veilchen und Tulpen, von der Liebe, vom Leben, den Tieren, von Sonne, Mond und Sternen. Sagte ihm meine Lieblingsgedichte auf. Ich wollte es neugierig machen. Ich wollte, dass es überlebt.

Hat es meine Hand gespürt, wenn ich seine hielt? Die süße Milch in seinem Magen, wenn ich es fütterte? Die Wärme des Inkubators? Träumte es von den Herztönen seiner Mutter, wenn es schlief?

Am dritten Tag starb es.

Ich hatte dieses zarte Kind liebgewonnen, sein Gesicht bewundert, seinen Blick, der aus einer anderen Welt zu kommen schien. Ich hatte gehofft, gebetet und alles getan, um es zu retten. Ich war untröstlich. Die Kollegen sagten, das sei doch klar, es wäre ein Wunder gewesen, wenn dieses Kind überlebt hätte. Sie sagten, die Medizin sei eben noch nicht so weit, ein Frühchen bekäme man erst ab einem Gewicht von tausend Gramm durch. Dieses hatte gerade mal die Hälfte gewogen. Ich hatte auf das Wunder gehofft.

Am Abend des Tages, an dem das Mädchen gestorben war, rief ich meine Mutter an, um ihr von dem Kind zu erzählen. Das sei merkwürdig, sagte sie, denn genau heute sei auch die uralte Frau gestorben, die vom Tischlerhof. Ob ich mich an sie noch erinnern könne? Einhundertundelf Jahre alt sei sie geworden.

Ja, ich erinnerte mich gut an sie. Und mir war, als dufte es um mich nach Holz und Leim. Das kleine Mädchen würde nie den Geruch frisch gehobelten Holzes in der Nase haben. Nie in einer Tischlerwerkstatt mit Holzresten spielen. Nie durch den Wald gehen, mit nackten Füßen über weiches Moos. Nie Weihnachten feiern, keiner Nachtigall lauschen, nie Freundinnen finden, nie lesen und schreiben lernen. Es würde nie das Märchen von Däumelinchen hören. Es war zu kurz da gewesen.

Nur drei Tage lang.

Die alte Frau dagegen hatte möglicherweise mehr erlebt, als ihr lieb gewesen war. Zu viel Hunger. Zu viel Hass, Krieg und Mauern. Ich hoffte, dass sie neben all dem Bösen auch genug Schönes erlebt und das alles in ihrem Herzen gesammelt hatte. Vielleicht war sie nicht aus Gram verstummt, sondern der Fülle wegen.

Wir haben nicht alle die gleiche Zeit auf dieser schönen Erde. Manche müssen früh gehen, manche lange bleiben. Niemand kennt im Voraus seine Lebensfrist. Nur eines haben wir gemeinsam: Über die letzte Grenze müssen wir alle. Ich glaube, es ist gut, sich manchmal daran zu erinnern, um die Kostbarkeit eines jeden Tages besser schmecken zu können.

MEINE KLEINE ZEIT

Meine kleine Zeit
Ist ein Tag für Tag
Ist ein Grenzbetrag
Ist ein Stundenschlag
Kostbar, zart und weit

Meine kleine Zeit
Ist ein Weg zu zwein
Ist ein Einsamsein
Ist ein Edelstein
Kurze Seligkeit

Meine kleine Zeit
Ist ein Augenblick
Ist Geschenk und Glück
Ist ein kleines Stück
Der Ewigkeit

Die Lichtung

Eine Freundin bot mir an, für drei Wochen ihren Hof zu hüten, während sie Urlaub macht. Ich könne ohne Störung meinen Roman überarbeiten, meinte sie, und nebenbei ihre Katzen und Hühner versorgen. So hätten wir beide etwas davon. Ich fand die Idee großartig. Ihr Hof in Einzellage gehörte zu einem brandenburgischen Dorf, nur dass von dem Dorf nichts zu sehen war. Auf der einen Seite gab es Felder, auf der anderen Wald. Der nächste Bahnhof war zwanzig Kilometer entfernt.

Ich reise an. Meine Freundin holt mich vom Bahnhof ab. Wir kaufen Lebensmittel für drei Wochen ein, verplaudern den Abend und am nächsten Morgen fährt sie ab. Ich winke ihr nach, bis sich die Schlusslichter ihres Wagens im Dickicht des Waldes verlieren. Sofort mache ich mich an die Arbeit. Sortiere mein Manuskript und wühle mich drei Tage lang durch vierhundert Seiten, nur unterbrochen von unzähligen Tassen Kaffee und kurzen Essenspausen. Dann kann ich nicht mehr. Mein Kopf raucht, der Rücken ist steif, Buchstaben verschwimmen vor den Augen. Ich brauche eine Pause. Was liegt näher, als einen schönen Waldspaziergang zu machen? Vielleicht finde ich noch Pilze? Ich packe Wasser und Klappstullen in den Rucksack und gehe los.

Zauberhaft ist es, an einem nebligen Novembermorgen ganz allein einen Waldweg entlangzuspazieren, fern jeder Zivilisation! Ich bin verzückt von der reinen Luft, vom Harz- und Erdduft, von der Stille, vom Tau auf den Grashalmen. Die aufgehende Sonne malt baumgefilterte Muster auf den Weg, Ameisen krabbeln im Gänsemarsch vor mir her, ein Hirschkäfer meditiert auf einem Findling. Es ist ein Mischwald mit Kiefern, Fichten und Buchen. Die Buchenblätter auf den Weg leuchten wie Goldstücke. Manchmal macht der Weg eine Biegung oder gabelt sich, dann schlage ich eine andere Richtung ein. Hier ist die Natur sich selbst überlassen und macht etwas sehr Schönes daraus. Ich beschließe, erst völlig erholt wieder an den Schreibtisch zurückzukehren.

Der Nebel verfliegt. Ich entdecke einen Pilz und gehe in den Wald hinein. Meine Schuhe versinken im Unterholz. Ich laufe über Moospolster. Äste knacken, die Bäume werden enger. Fichten- und Kiefernkronen wispern. Irgendwann setze ich mich auf einen umgestürzten Stamm und esse meine Käsebrote. Ich habe keine Ahnung, wie spät es ist.

Nach dem Essen bin ich müde. Ich will zurück. Ich drehe mich um. Schaue nach dem Waldweg. Der ist weg. Was soll's, ich werde geradeaus gehen, dann werde ich den Weg schon finden.

Ich gehe. Bäume, Moose, Farne, Ameisenhügel … alles wiederholt sich. Unruhe befällt mich. Bäume und Bäume. Käfer und Ameisen und Spinnweben. Tapfer stapfe ich weiter. Ich gucke mir die Augen aus. Nirgends ein Weg. Meine Wasserflasche ist leer. Die Füße tun weh. Plötzlich stehe ich vor einer Ulme, neben der ein riesiger Ameisenhaufen aufragt. Ich erkenne die Stelle sofort. Hier war ich schon einmal. Ich bin die ganze

Zeit im Kreis gelaufen! Jetzt bekomme ich es mit der Angst. Der Wald scheint mit jedem Schritt größer zu werden. Ich gehe schneller. Meine Beine brennen vor Schwäche. Ich renne. Es nieselt. Es wird dämmrig. Auf jeden Fall ist es schon nachmittags. Und die Tage im November sind kurz. Was, wenn ich bis zum Abend nicht zurückfinde? Hatte ich nicht kürzlich gelesen, dass in dieser Gegend gerade Wölfe angesiedelt worden waren? Furchtbare Gedanken springen mich an. Wie kann es mitten in Brandenburg derart große Wälder geben? Ich stolpere über kniehohes Unterholz, umgefallene Baumstämme, Springkraut, Wurzeln. Junge Ahornbäume schnellen zurück und schlagen mir ins Gesicht. Ich habe Durst. Nicht daran denken. Nur geradeaus gehen. Irgendwo muss der Wald ja aufhören. Der Regen wird stärker. Weinend setze ich einen Fuß vor den anderen. Bete um ein Zeichen. Eine Hilfe. Einen Jogger. Einen Förster. Doch niemand kommt. Ich bin so erschöpft, dass es mir scheint, als stiege ich bergauf. Ich gehe und gehe.

Auf einmal stehe ich auf einer Lichtung. Als wären die Bäume zur Seite gewichen, breitet sich eine leere Fläche vor mir aus. Bergige Mooslandschaft. Darüber Himmel. Im selben Augenblick hört es auf zu regnen. Eine tiefstehende Sonne bricht durch. Das Moos färbt sich rot, als ob es glüht. Welch ein zauberhafter Anblick. Ich sinke auf die Knie. In diesem Moment bin ich allein auf der Welt, höre mein Herz schlagen. Die Sonne sinkt tiefer. Gleich wird es dunkel sein. Ich werde nicht mehr aus dem Wald herausfinden. So ist es.

Als ich aufstehe und mich umblicke, merke ich, dass ich tatsächlich auf einem Berg stehe. Im Halbdunkel sehe ich eine Schneise zwischen den Bäumen. Ich kneife die Augen zusammen und glaube zu träumen. Da ist ein Dach! Daneben ein Feld. Auf der anderen Seite der Saum des Waldes. Bei Gott, das ist das Gehöft meiner Freundin! Ich renne den Berg hinab, Jubel im Herzen.

Als ich am Haus ankomme, ist es stockfinster. Die Katzen mauzen und streichen um meine Beine. Im Stall streue ich ihnen Futter in die Näpfe. Gebe den Hühnern ihre Körner und sperre sie ins Nachtquartier. Freudentränen laufen mir übers Gesicht. Ich taumle in die Küche und trinke eine Kanne Wasser leer. Dann falle ich ins Bett und schlafe sofort ein.

Warum hatte ich das Haus nicht eher gefunden? Offenbar war es doch die ganze Zeit in der Nähe gewesen.

Ich glaube, es lag an der Angst. Sie hatte meinen Blick verengt und mich vor sich hergetrieben. Erst oben auf dem Berg, berührt von der Schönheit des leuchtenden Mooses, hatte ich diese Angst losgelassen und war wieder ruhig geworden. Und da hatte das Haus mich gefunden.

Nach Hause

Unsere Eltern wecken uns. Sie packen Geschirr in Kisten, schrauben Lampen ab, rollen Teppiche ein, zerlegen Schränke, verschnüren Matratzen, nehmen die Betten auseinander. Dann tragen sie alles vors Haus und laden es auf einen Planwagen. Sie geben dem Fahrer Geld, schieben uns auf den Rücksitz eines grünen Autos und fahren mit uns und allem, was sie eingepackt haben, davon. Immer hinter dem Planwagen her.

Nun gibt es eine Wohnung und ein Kinderzimmer mit kleinen Fenstern, aus denen man Mauern sieht. Fort sind unser altes Haus, die Scheune mit dem Hüpfstroh, die Katze, der Garten. Fort der Schmied mit seinem Feuer und Tante Frieda mit ihren Sternenaugen. Fort die Wiesen mit den Knüppelweiden und Butterblumen, Kühen, Ponys, Reihern und Störchen.

In der Wohnung bauen unsere Eltern die Betten auf, schrauben die Lampen an, rollen die Teppiche aus, stellen die Bücher in den Schrank. Wir sollen Stadtkinder werden.

Es ist mein erster Umzug. Niemand hat mir gesagt, was das bedeutet. Dass wir plötzlich woanders sein werden, dass Tante Frieda nicht mitkommt. Niemand hat mich gewarnt vor den vielen fremden Menschen, die hier herumlaufen und nicht antworten, wenn man ihnen guten Tag sagt, vor den Autos, die zu schnell fahren, vor der riesigen Kirche, die einen schwindelig macht, wenn man zu ihrem Turm aufsieht. Sogar meinen vierten Geburtstag muss ich in der Stadt feiern. Alles, was ich geliebt habe, ist verschwunden. Anfangs denke ich noch, es wäre so etwas wie eine Reise. Ich kann nicht begreifen, warum wir nicht nach Hause fahren. Ich frage meine Schwester, wie lange wir schon hier sind. Vier Wochen, sagt sie. Es kommt mir ewig vor. Sie erklärt, das sei wegen ihr. Sie sei groß. Bald ein Schulkind. Sie soll auf eine richtige Schule gehen. Auf eine Schule in der Stadt. Deswegen sind wir hier.

Eines Morgens wache ich auf und habe die Lösung. Schnell wecke ich meine Schwester. Ich schlage ihr vor, nach Hause zu gehen.

»Aber das hier ist unser Zuhause«, sagt sie. »Unser neues.« – »Nein«, sage ich. »Zu unserem richtigen Zuhause. Zu Tante Frieda.«

Wir werden beide traurig, weil Tante Frieda uns so lange nicht mehr umarmt hat.

»Wir gehen jetzt zu ihr«, sage ich. »Dann sehen Mama und Papa das ein. Und kommen hinterher.«

Meine Schwester lächelt. Ich lächle. Alles wird gut werden. Wir stecken die Köpfe aus dem Fenster. Es ist noch dunkel. Wir ziehen uns an und packen unsere Ranzen: Äpfel, eine Flasche Saft, einen Brotkanten, die Zahnbürsten. Wir huschen aus der Tür und laufen die Treppen hinunter.

Gleich sehen wir, dass eine Stadt auch ihr Gutes hat. Die Straßenlampen zum Beispiel. Im Dorf hätte man nachts nichts erkannt. Hier gibt es gelbes Licht auf Bürgersteigen. Nun finden wir die Stadt beinahe schön.

Friedlich ist sie. Die Straßen sind leer. Um die Lampen tanzen Nachtfalter.

Hoffnungsfroh wandern wir den Bürgersteig entlang. Die Richtung ist klar. Wir wissen, von wo das Umzugsauto kam. Wir malen uns aus, wie Tante Frieda sich freuen und uns an sich drücken wird, wie wir unserer Katze den Bauch kraulen werden und allen sagen, dass wir wieder da sind.

Nachdem wir ein Stück gegangen sind, gabelt sich die Straße. Wir nehmen den breiteren Abzweig. Wegen des breiten Umzugsautos. Mal biegen wir rechts, mal links ab, immer hoffend, dass es stimmt. Der Planwagen war vor dem Auto hergefahren, eine Landstraße entlang. Diese Straße wollen wir finden.

Die Stadt ist groß. Allmählich tun uns die Beine weh. Die Sterne verlöschen. In den Fenstern gehen Lichter an.

»Bestimmt stehen Mama und Papa bald auf«, sagt meine Schwester. »Dann merken sie, dass wir weg sind.« Ihre Stimme klingt ängstlich. Ich will nicht, dass ihre Stimme ängstlich klingt. Ich will nicht, dass sie so ratlos guckt. Sie soll mutig sein. Damit auch ich mutig sein kann.

Wir gehen schon lange. Ich bin müde. Ich habe Hunger. Wir setzen uns in einen Torweg, essen Äpfel und Brot, trinken Saft und überlegen, wohin wir gehen müssen. Dabei begreifen wir, dass wir nicht mehr wissen, wo wir sind. Wir haben uns den Weg von der Wohnung bis zum Torweg nicht gemerkt! Wir wissen weder, wo unser altes, noch wo unser neues Zuhause ist. Wir haben uns verlaufen!

Was nun? Das Brot ist verspeist, nur noch ein bisschen Saft haben wir, zwei Äpfel und unsere Zahnbürsten. Wir werden verhungern und verdursten. Ich hatte zwar die Idee gehabt, aber meine Schwester muss doch nun wissen, was wir tun sollen. Sie ist groß. Bald ein Schulkind! Sie weiß es nicht. Wir rennen los. Nur zurück! Mein Herz schlägt, als wolle es mir aus der Brust springen. Ich sehe die Angst meiner Schwester und werde immer verzagter. An jeder Kreuzung versuchen wir, etwas wiederzuerkennen. Versuchen, uns zu erinnern, in Ruhe nachzudenken. Genau das schaffen wir nicht.

Irgendwann stehen wir neben einem grauen Haus. Meine Füße brennen, meine Knie sind aus Gummi. Ich bin so müde, dass ich an der Hauswand herunterrutsche. Ich setze mich auf den Bürgersteig. Meine Schwester hockt sich neben mich. Wir können nicht mehr. Es ist aus. Jetzt wissen wir, dass es falsch war, was wir gemacht haben, aber nun ist es zu spät.

»Ich will bei Tante Frieda sein«, sage ich.

»Das geht nicht. Sie will nicht umziehen«, sagt meine Schwester.

»Warum!«, rufe ich. »Sie gehört zu uns! Ich hab ihr gar nicht Tschüs gesagt! Ich hab doch gar nicht gewusst, dass wir umziehen!« Erst jetzt, als ich es ausspreche, wird mir klar, dass ich ihr nicht Tschüs gesagt habe. Das ist furchtbar. Jetzt muss ich weinen. Mein Herz tut weh. Tante Frieda fehlt mir schrecklich. Ich will zu ihr. Die Tränen laufen mir die Wangen herunter.

»Wir finden das Dorf nicht«, sagt meine Schwester.

Ich weiß, dass sie recht hat. Aber ich will nicht, dass sie recht hat. Ich werde wütend. »Man kann nicht einfach umziehen«, sage ich, »ohne Tschüs zu sagen! Wir sagen Mama und Papa, dass sie mit uns zu Tante Frieda fahren müssen. Damit wir ihr Tschüs sagen können.«

»Und wie finden wir Mama und Papa?«, fragt meine Schwester.

Ich rutsche noch tiefer an der Wand herunter und starre auf den Bürgersteig. Ja, wie? Wenn ich nur wüsste, wo die Kirche ist. Den Weg von der Kirche zur neuen Wohnung kenne ich schon. Ich gucke nach oben, suche den Kirchturm, überall sind nur Dächer.

»Los«, sage ich. »Wir suchen die Kirche. Wir müssen langsam gehen. Wenn wir rennen, sehen wir die nicht.«

Meine Schwester steht auf. Nimmt meine Hand und zieht mich hoch. Sie wischt mir mit dem Jackenärmel die Tränen ab. Wir gehen die Straße hinunter und halten Ausschau. Ich verstehe nicht, warum wir den Kirchturm nicht sehen, so groß, wie der ist. Da schreit eine Krähe. Sie fliegt durchs Morgenlicht. Ich schaue ihr nach und entdecke hinter einer Mauer den Kirchturm. Ich zeige darauf. Wir rennen beide los. Da kommt die Ecke, wo sich die Straße gabelt. Hier waren wir, als wir losgingen! Das ist unsere Straße! Wir sehen unser Haus, stürzen darauf zu, fliegen die Treppe hinauf. Klingeln.

Die Tür geht auf.

Meine Mutter schlägt die Hände überm Kopf zusammen. Ob wir verrückt geworden seien, ruft sie. Bei den Nachbarn habe sie schon herumgefragt. Die Polizei suche schon nach uns. Mein Vater kommt. »Na, nun sind sie ja da«, sagt er. »Haben sich nur ein bisschen umgeguckt, einen kleinen Ausflug gemacht. Nicht wahr?« Er zwinkert uns zu.

Meine Schwester nickt.

Aber ich sage: »Nein. Kein Ausflug. Wir wollen nach Hause. Ich hab nicht gewusst, dass wir umziehen!« Ich stampfe mit dem Fuß auf.

Meine Eltern gucken mich erstaunt an.

»Ich will Tante Frieda besuchen!«, sage ich. »Heute!«

»Gut«, sagt mein Vater. »Aber nicht heute. Ein paar Wochen musst du schon noch warten.«

Ich protestiere. Ein paar Wochen finde ich viel zu lange. Ich habe Angst, dass ich Tante Friedas Augen vergesse. Ich habe Angst, dass ich den Klang ihrer Stimme vergesse.

»Wir können ihr doch einen Brief schicken«, sagt meine Schwester. »Und ihr schreiben, dass wir bald kommen.«

Erst finde ich das keine gute Idee. Ein Brief ist keine Umarmung. Doch dann sagt mein Vater, dass wir das ruhig tun sollen. Er würde den Umschlag und die Briefmarke spendieren.

Da gehe ich Stifte und den Zeichenblock holen und male den ganzen Vormittag lang Herzen und Blumen. Manche sind etwas verwischt wegen der Tränen. Aber danach geht es mir besser.

Zufriedenheit

Mit dem Fahrrad durch Schweden, das hatten wir uns schon immer wunderbar vorgestellt, mein Sohn und ich, er dreizehn, ich Anfang dreißig. Rechts und links das Meer, urwüchsige Landschaft, Fjorde, Schären. Wir hatten schon viele Radtouren gemacht, kurze und lange, doch über die DDR waren wir grenzbedingt noch nie hinausgekommen. Nun war das Wunder geschehen, die Grenzen offen, und man konnte fahren, wohin man wollte! Also hatten wir unsere Räder bepackt, Schlafsäcke, Zelt, Kochgeschirr, Landkarte, ein kleines Wörterbuch, und waren über Dänemark in die Provinz Schonen geradelt.

Eine sanfte Tiefebene voller Sommerblumen. Eine ganze Woche lang strahlte die Sonne. Je weiter wir jedoch nach Norden kamen, umso dunkler wurde es. Erst begann es zu nieseln, dann zu schütten. Die Hügellandschaft mit ihren langgestreckten Seen wurde zu einer wilden Gegend, von eiszeitlicher Kraft erschaffen. Es gab Wege, die plötzlich aufhörten, Berge, die aus dem Nichts erschienen, endlose Moore, Sümpfe und Geröllhänge. Die Landschaft wurde so archaisch, ich hätte mich nicht gewundert, Elfen und Gnome hinter einem Busch hervorspringen zu sehen. Hier half uns die Karte nichts mehr. Straßen, die eingezeichnet waren, gab es nicht. Wege, auf denen wir fuhren, kamen auf ihr nicht vor. Sicherheitshalber hielten wir uns in Sichtweite zum Meer, um die Orientierung nicht zu verlieren. Scharf hatte sich das Salzwasser in die Erde geschnitten, sie in spitzen Zacken weggeleckt. Es sah aus, als würden Riesen ihre Hände ins Meer strecken und versuchen, sich daran festzuhalten. Die Gischt spritzte an ihren Fingern hoch und vermischte sich mit dem Regen, der mittlerweile tobte, als wolle er mit den Wassermassen der Ostsee gemeinsame Sache machen. Welch ein Schauspiel! Doch wir konnten ihm nicht die gebührende Bewunderung entgegenbringen, wir waren zu nass.

Schweden. So wenig Menschen in so viel Landschaft. Wir kämpften uns am zerfurchten Ufer entlang, bei starkem Gegenwind. Nirgends gab es eine Behausung. Der Regen nahm kein Ende. Unsere Schlafsäcke und Jacken trieften, das Wasser lief uns übers Gesicht, die Jacken klebten an den Pullovern, die Pullover an der Haut, die Hosen an den Beinen. Auch wenn man gern Fahrrad fährt, solch ein Wetter kann einem die Freude daran verderben. Das Einzige, was wir uns wünschten, war ein Dach überm Kopf.

Da tauchte am Horizont ein Haus auf. Ein Bauernhaus, Feldsteinsockel, blaue Tür, rote Wände, graues Dach. Wir jubelten und hielten darauf zu. Heute Nacht würden wir nicht in Pfützen liegen. Wir würden um Quartier bitten. Die Schweden, die wir bis jetzt getroffen hatten, waren hilfsbereite Menschen gewesen. Sicher ließen die Leute uns eine Nacht bei sich schlafen. Ich rief mir meine paar Brocken Schwedisch ins Gedächtnis. Ob sie reichen würden, unser Anliegen vorzubringen?

Wir waren heran. Erst jetzt sahen wir, dass das Haus offenbar schon länger unbewohnt war. Die Fenster waren blind, das Dach schief, der Anstrich hing in Fetzen herab, die Tür war verschlossen. Eine herbe Enttäuschung. Wir gingen ums Haus herum. Auf dem Hof gab es einen alten Stall und ein Quergebäude. Das morsche Stalltor lag auf der Erde. Im Halbdunkel sah man Schweinegitter und Pferdeboxen, alles voller Spinnweben. Auch Futtertröge, eine Forke und zerbeulte Blecheimer. Erschöpft schoben wir die Räder in den Stall. Unter unseren Schuhen knirschten Glasscherben. Zum Glück gab es eine Ecke, an der es nicht durchregnete. Dort stellten wir die Eimer umgekehrt auf den Boden, zogen die nassen Jacken aus und setzten uns. Nach Weiterfahren war uns beiden nicht zumute, dieser verdreckte Stall lud aber auch nicht zum Übernachten ein. Wir hatten Hunger. Selbst unser Brot war aufgeweicht.

Meinen Vorschlag, weiterzufahren, lehnte mein Sohn ab. Er glaubte nicht mehr an bewohnte Häuser auf den nächsten fünfzig Kilometern. Er schlug vor, die Tür des Wohnhauses aufzubrechen. Dort drinnen könne man bestimmt gut übernachten, meinte er. Ich wollte keine Tür aufbrechen. Ich hatte noch nie eine Tür aufgebrochen und fand, das gehöre sich nicht, ob bewohnt oder unbewohnt.

Er begann, im Stall nach Werkzeug zu suchen, fand ein altes Messer, eine verrostete Kneifzange und eine lange Eisenstange. Wenn ich nicht mitmachen wolle, meinte er, solle ich eben hierbleiben, dann breche er das Haus allein auf. Das war mir auch wieder nicht recht.

Um es gleich zu sagen: Die Haustür stellte sich als solide heraus. Sie saß fest im Rahmen, ihr Holz war stark und widerstand all unseren Einbruchsversuchen. Das eisengefasste Schlüsselloch war handgeschmiedet. Zu ihm musste ein mächtiger Schlüssel gehören. Die Brechstange richtete nichts aus. Nicht mal mit der Messerspitze kam man zwischen Tür und Rahmen. Wir verbogen das Messer. Der Draht, den ich als Dietrich benutzen wollte, entglitt meinen Fingern, fiel durchs Schüsselloch und war weg. Vielleicht wäre es mit einem Traktor als Rammbock gegangen, aber wir hatten keinen Traktor.

Mittlerweile war es dunkel. Wir standen vor der Tür und diskutierten, wie wir im Stall übernachten könnten, als wir ein Geräusch hörten. Es kam aus dem Haus. Wir erschraken. Es waren eindeutig Schritte.

Dann wurde die Tür geöffnet. Licht fiel heraus. Vor uns stand eine alte Frau. In mehrere Schichten Wolle gehüllt, sah sie aus wie eine Matrjoschka. Ihr Haar war weiß, ihr Gesicht voller Runzeln, ihr Lächeln herzlich. In der Hand hielt sie eine Petroleumlampe.

Ich schluckte, hielt die Brechstange hinter meinen Rücken und stotterte schnell ein paar Brocken Schwedisch. Mein Sohn sagte guten Tag, verbeugte sich und versteckte das Messer. Die Frau sagte etwas, was ich nicht verstand. Doch ihre Gesten waren eindeutig. Wir sollten eintreten.

Hastig entsorgten wir unsere Werkzeuge neben der Tür und folgten ihr. Bei dem Aussehen des Hauses hatte ich innen mit allem gerechnet, meterdickem Staub, toten Fliegen, Mäusen, Spinnenweben oder Schlimmerem. Stattdessen kamen wir in einen sauberen Flur, in dem ein blauer Dielenschrank mit Blumenmuster stand, davor eine große Bodenvase mit Lupinen. Vom Flur gingen mehrere Türen ab. Eine führte in eine Küche.

Die Frau ging voraus, deutete auf einen Holztisch und wartete, bis wir Platz genommen hatten. Sie stellte die Lampe auf den Tisch, setzte einen Topf auf eine weiß gekachelte Kochmaschine und redete unaufhörlich und gutgelaunt auf uns ein. Natürlich verstanden wir kein Wort. Sie deutete auf unsere nassen Haare, unsere Sachen, reichte uns Handtücher, brachte Wolldecken und wickelte uns darin ein. Mir war, als hätte sie nur darauf gewartet, dass wir kommen.

An der Wand hingen kupferne Töpfe, Pfannen und Emaillegeschirr. Am Boden stand ein Bottich, aus dem sie mit einem kleinen Holzkübel Wasser schöpfte. Daneben eine Zinkbadewanne. Das letzte Abendlicht färbte die Küche golden und schien auf den polierten Kupferpfannen in Brand zu geraten. Die ganze Einrichtung wirkte, als sei hier vor hundert Jahren die Zeit stehengeblieben. Es gab weder ein elektrisches Gerät noch eine Uhr noch einen Wasserhahn.

Die Frau trug Brot, Schmalz und heißen Tee zum Tisch und forderte uns zum Essen auf. Wir ließen es uns schmecken und unterhielten uns mit Händen und Füßen. Sie hieß Ella und war außerordentlich fröhlich. Dass wir sie kaum verstanden, hielt sie nicht davon ab, immer weiter auf uns einzureden. Wie war ich erleichtert, dass wir nicht bei ihr eingebrochen waren! Inzwischen war ich so müde, dass mir ihre gemurmelten Worte wie ein Schlaflied vorkamen. Auch meinem Sohn fielen die Augen zu. Als Ella uns aufforderte mitzukommen, in einer kleinen Kammer erst auf zwei Betten deutete, dann auf uns, dann wieder auf die Betten, konnten wir unser Glück kaum fassen. Kurz darauf schliefen wir wie in Abrahams Schoß.

Am Morgen weckte uns die Sonne. Unsere Sachen neben der Kochmaschine waren getrocknet, sogar das Zelt. Fröhlich erwartete Ella uns am Küchentisch mit einem Berg Schmalzstullen und einem Korb Mirabellen. Sie bestand darauf, dass wir das alles einpacken und mitnehmen. Dann gab es Frühstück. Ich sah in ihr Runzelgesicht und war gerührt von der Zufriedenheit, die es ausstrahlte. Wie einfach sie hier lebte, jenseits der Zeit! Gern hätte ich erfahren, wie es dazu gekommen war. Und ob sich jemand um sie kümmerte, sie war ja schon recht betagt. Immerhin wurde klar, woher das Wasser stammte, aus dem sie ihren Tee kochte: aus dem Brunnen auf dem Hof. Nach dem Frühstück schleppten wir zu dritt Eimer voller Wasser in die Küche und füllten den großen Bottich vor der Kochmaschine nach. Gern hätte ich herausgefunden, ob ihr manchmal etwas von dem Luxus fehlte, der für mich schon so selbstverständlich war: Strom, fließendes Wasser, Telefon, Uhr, Kühlschrank, Radio. Doch mein Schwedisch war nicht gut genug, um diese Frage zu stellen. Vielleicht hatte Ella all das nie kennengelernt? Oder sie hatte sich irgendwann entschieden, so zu leben, weil ihr das besser bekam? Per Handzeichen fragte ich sie, wie alt sie sei.

Ich zeigte auf uns und gab unser Alter mit den Fingern an. Ella lachte und zählte mit den Fingern: 93.

Zum Abschied umarmten wir sie.

Dann stiegen wir auf unsere Räder.

Die Mirabellen waren zuckersüß. Die Schmalzbrote ernährten uns drei Tage lang. Und Ellas Zufriedenheit begleitete uns, bis wir wieder zu Hause waren.

Warten

Auf Flughäfen kann man merkwürdige Dinge erleben.

Mein Ziel war Litauen. Das Flugzeug nach Vilnius sollte um 8.15 Uhr starten. Um sechs Uhr schlurfte ich mit meinem Koffer durch den Flughafen Tegel und suchte den Check-in-Schalter. Seit fünf war ich unterwegs. Ich war zugleich hundemüde und nervös. Vor Reisen bin ich oft nervös, ich befürchte, Zug oder Flugzeug zu verpassen. Aber da man zwei Stunden vor dem Abflug am Schalter sein sollte, konnte ja nichts schiefgehen. Dachte ich.

Am Schalter traf ich auf etwa zwanzig Menschen. Ich reihte mich in die Schlange ein. Durch die Scheiben sah ich das nächtliche Flugfeld. Noch war der Schalter geschlossen. Die anderen schwiegen. Manche hatten sich auf ihre Koffer gesetzt und starrten geradeaus. Neue Leute stellten sich an. Der Schalter hätte um viertel nach sechs öffnen sollen. Es wurde 6.20 Uhr, 6.30 Uhr, 6.40 Uhr, nichts tat sich. Immer öfter wanderten Blicke zur Anzeigetafel. Der Start wurde weiter mit 8.15 Uhr angezeigt. Um kurz vor sieben schimpften die ersten. Man werde sich beschweren. Einige sahen auf ihren Billets nach, ob sie am richtigen Schalter stünden. Andere guckten sich in der Halle um. Flughafenmitarbeiter waren nicht zu entdecken.

7.15 Uhr. Ein Mann neben mir fragte, ob jemand etwas wisse? Ein Streik? Ungünstige Wettermeldungen? Die Leute verneinten. Der Mann wirkte verzweifelt. Er sei Ingenieur und habe ein Vorstellungsgespräch in Vilnius, sagte er. Seine Existenz hänge davon ab. Er müsse pünktlich sein! Eine Frau meinte, er könne doch anrufen, es sei ja nicht seine Schuld. Andere erzählten, was sie schon alles an Flugverspätungen erlebt hatten. Vielleicht sei der Pilot krank, meinte jemand. Dann solle er besser im Bett bleiben, sagte eine Frau, bevor er uns anstecke. Es gab Gelächter. Ein Mann erzählte, seine Tochter habe vor vier Wochen im Prager Flughafen übernachten müssen, des Nebels wegen. Dafür hätte sie sich im Restaurant bestellen können, was sie wolle, kostenlos. Sie habe Marillenknödel gegessen. Bei dem Wort Marillenknödel lief mir das Wasser im Mund zusammen.

Inzwischen war die Sonne aufgegangen, der Himmel rosa und vollkommen klar. Wir versuchten, uns gegenseitig zu beruhigen. Das Flugzeug würde nicht ohne uns starten. Eine dünne Frau, weißhaarig, mit mädchenhaftem Gesicht und geblümtem Kopftuch, brach plötzlich in Tränen aus. Ihre Tochter wolle sie in Vilnius abholen, sagte sie. Die warte dort, mit dem Enkelkind, erst zwei Jahre alt sei der kleine Wurm. Hätten wir Verspätung, könne sie ihrer Tochter nicht Bescheid geben. Ein junger Mann versuchte, sie zu trösten. Noch sei die Abflugzeit nicht heran. Er bot ihr sein Handy an, damit sie ihre Tochter anrufen könne. Die Frau sagte, sie habe zwar Telefonnummern, aber ob ihre Tochter ein Handy besitze, könne sie nicht sagen. Eine Frau mit Pudel schlug vor, loszugehen und jemanden vom Bodenpersonal zu suchen. Gleich drei der Wartenden boten an, auf ihr Gepäck aufzupassen. Sie ging.

Die Menschen standen in Gruppen zusammen, erzählten sich, wo sie von Vilnius aus hinfahren wollten, tauschten Reiseerfahrungen und Tipps für das Verhalten in Litauen aus. Eine junge Frau fragte uns litauische Vokabeln ab, guten Tag, Danke, Bitte, auf Wiedersehen. Es stellte sich heraus, dass die meisten Mühe hatten, sie auszusprechen, außer einem kleinen Mann, der aus Litauen stammte. Er brachte uns die korrekte Aussprache bei. Stolz erzählte er, er fahre zu seiner Enkelin, die habe einen Deutschen geheiratet, die beiden leben in Kaunas. Drei Männer hatten begonnen, auf einem Koffer Skat zu spielen. Um zehn vor acht kam die Frau mit dem Pudel zurück, neben sich eine Flughafenmitarbeiterin im blauen Hosenanzug, die uns, als hätten wir das noch nicht bemerkt, erklärte, es gäbe Verzögerungen. Es würde nicht mehr lang dauern. Ein Mann bat sie um Kaffee für alle. Sie murmelte etwas und verschwand.

Kurz darauf kam eine Kellnerin mit einem Wagen voller Kaffeekannen. Eine Frau holte eine Dose aus dem Koffer, und ein betörender Hefekuchenduft stieg mir in die Nase. Sie gab die Dose herum. Pflaumenstreuselkuchen, sagte sie, gestern gebacken, mit Pflaumen aus ihrem Garten. Die Leute griffen zu. Ich hörte den jungen Mann zu der alten Dame sagen, ja, das sei eine Handynummer. Die alte Dame strahlte. Im Grunde ginge es uns doch gut, meinte sie, und erzählte, wie sie 1966 mit einem Bus voller Menschen im Schnee steckengeblieben sei, das wäre schlimmer gewesen. Oder auf der Flucht aus Ostpreußen. Dagegen sei das hier nichts, nur ein bisschen warten. Sie lächelte. Der Mann reichte ihr das Telefon, und sie erklärte ihrer Tochter alles, wobei sie mehrmals betonte, sie würde mit dem Handy eines sehr netten Menschen telefonieren. Danach zeigte sie Bilder des Enkels. Auch andere zeigten Kinderfotos. Eine andere Frau kam auf Ostpreußen zurück und sagte, ihre Großeltern wären ebenfalls Flüchtlinge gewesen. Andere griffen das Gartenthema auf. Einer züchtete Rosen, ein anderer war Dahlienfan, er zeigte Blumenfotos. Telefonnummern wurden ausgetauscht. Ein Mann mit russischem Akzent erklärte mir, wie wohl er sich gerade fühle. Das hier erinnere ihn an seine Heimat, sagte er. Dort ginge man zum Bahnhof und nehme Spielkarten, Tee und Verpflegung mit. Der Zug fahre, wann er wolle, und so lange warte man eben gemeinsam, das wäre immer schön. Nie hätte er gedacht, dass es so etwas in Deutschland auch gäbe.

Ich hatte das Gefühl, in einem Garten zu sitzen, umgeben von netten Leuten, die das Beste taten, was Menschen tun können: sich füreinander interessieren. Und das nur, weil plötzlich Zeit da war. Vielleicht hatte das der Ingenieur mit dem Vorstellungsgespräch ausgelöst oder die alte Dame oder der kleine Mann aus Litauen oder der Mann, der für alle nach Kaffee gefragt hatte.

Als eine Flughafenmitarbeiterin kam, den Schalter öffnete und uns aufforderte, einzuchecken, war es um kurz vor elf. Der Start auf der Anzeigetafel war nun mit 11.20 Uhr angegeben. Bei der Landung in Vilnius wurden Hände geschüttelt, es gab gute Wünsche und Umarmungen. In meinem Rucksack steckten drei neue Telefonnummern.

Seit diesem Tag ärgere ich mich viel weniger über Verspätungen. Ich sehe sie eher als Chance und bin neugierig auf das, was sich in der geschenkten Zeit ereignen wird.

LASS LOS

Immer hetzt du dich ab
Immer willst du ans Ziel
Stell das Ziel mal infrage
Das wäre schon viel

Immer willst du es meistern
Immer kennst du dich aus
Vertrau deiner Ohnmacht
Sie bringt dich nach Haus

Immer fragst du und bangst
Willst alles ergründen
Was du aufhörst zu suchen
Das wird dich finden

Das Eichhörnchen

Es ist früher Morgen. Ich stehe mit meinem Kaffee am Küchenfenster. Auf der Wiese zeigen sich erste grüne Spitzen. Die Luft riecht nach Frühling. In der Linde singt eine Amsel ihre Sehnsucht nach Sonne in die Welt. Die Bäume sind zwar noch kahl, doch ihre Knospen schwellen schon.

Nicht weit vom Fenster führt ein kleiner Fußweg durch den Park, an dessen Ende ein Kindergarten und eine Schule liegen. Auf diesem Weg sehe ich oft Eltern mit ihren Kindern entlanggehen. Besonders am frühen Morgen. Häufig ist es dasselbe Bild. Der Erwachsene, den Blick konzentriert nach vorn gerichtet, schreitet rasch aus. Das Kind rennt im Laufschritt neben ihm her, sichtlich bemüht, auf gleicher Höhe zu bleiben. Es gibt mir immer einen Stich im Herzen, wenn ich diese Kinder, die sicher noch ziemlich müde sind, so angestrengt rennen sehe.

Ein Dilemma ist das. Der Erwachsene muss pünktlich bei der Arbeit sein, sonst bekommt er Ärger. Ärger will niemand. Folglich bleibt keine Zeit, um auf dem Weg Stöckchen, Knospen oder Käfer zu betrachten, zu trödeln und zu bummeln. Selbst wenn man seinem Kind das gönnt. Die Kinder wiederum versuchen, den Eltern gerecht zu werden, so zu sein, wie die sie haben wollen. Das verstehe ich alles. Traurig macht es mich trotzdem.

Ich sehe, wie eine Mutter und ihre Tochter auf den Weg kommen. Das Mädchen ist etwa vier Jahre alt, seine Hand liegt in der der Mutter, sein Arm ist ausgestreckt, die kleinen Füße fliegen.

Plötzlich springt, wenige Meter vor ihnen, rechts aus dem Park ein Eichhörnchen heraus. Es flitzt über den gekiesten Weg. Das Kind hält an der Hand der Mutter inne, stolpert und wird prompt zurechtgewiesen.

Ich glaube, die Mutter hat das Eichhörnchen gar nicht gesehen. Dabei ist es ein besonderes Eichhörnchen, ausgesprochen klein, mit noch kuschligem, rotem Fell und einem runden, silberweißen Bauch. Ein Babyeichhörnchen. So etwas Herrliches bekommt man selten zu Gesicht. In großen Sätzen springt es über die Wiese. Es dreht sich, hüpft, klettert in einen Busch und steckt den Kopf aus den Ästen. Es versucht einen eleganten Sprung in einen anderen Busch, verfehlt ihn und landet auf dem Bauch. Es schlägt einen Purzelbaum auf der Wiese, kommt tollpatschig auf die Füße und beginnt wie wild in der Erde zu scharren, als wolle es eine Nuss vergraben. Ein Eichhörnchenbaby, das zum ersten Mal allein die Welt erkundet und dabei mächtig Spaß hat!

Das kleine Mädchen würde ihm sicher gern zusehen. Es würde sich freuen, mit dem Finger darauf zeigen und nachher im Kindergarten etwas Tolles zu erzählen haben. Leider kommt es nicht dazu. Weil die Mutter pünktlich bei der Arbeit sein muss.

Das kleine Mädchen tut mir leid, weil ihm eine Freude entzogen wird. Weil es für seine Neugier gerügt wurde, dafür, dass es stehen bleiben und schauen wollte. Dafür, dass es genau das machen wollte, was das Eichhörnchenbaby auf der Wiese gerade macht: die Welt entdecken. In seinem eigenen Tempo.

Ich glaube, jeder Mensch hat sein eigenes Tempo. Das er herausfinden könnte, wenn er es ausprobieren dürfte. Wie aber sollen wir es schaffen, die innere mit der äußeren Zeit zu versöhnen, wenn wir unser eigenes Tempo gar nicht kennenlernen dürfen? Wenn, bevor wir es entdecken und begreifen können, immer schon die Ansage der Uhrzeit kommt?

Heute geht mir das kleine Mädchen den ganzen Tag nicht aus dem Sinn. Ich wünsche ihm, dass seine Mutter am Nachmittag, wenn sie es abholt, ohne Zeitdruck ist. Und dass dann das Babyeichhörnchen noch einmal vorbeikommt.

Der Wettkampf

Mein Enkel, vier Jahre alt, übernachtet bei mir im Gartenhaus. Er ist ein lieber Kerl, doch nicht der Flotteste, wenn es ums morgendliche Anziehen geht. Ein einzelnes Kleidungsstück über Kopf, Arme oder Füße zu bekommen, kann bei ihm durchaus eine halbe Stunde dauern. Da man beim Anziehen mehrere Kleidungsstücke bewältigen muss, gehen schon mal zwei Stunden ins Land, bis er gartenfertig ausgestattet ist.

Mich bringt das jedes Mal in Konflikte. Zum einen möchte ich nach dem Aufwachen gern in den Garten. Am liebsten sofort. Meine Küche befindet sich nämlich draußen, und ich möchte Kaffee trinken, um wach zu werden. Ich brauche Kaffee. Ohne Kaffee schlafe ich nach dem Aufstehen quasi weiter. Zum anderen ist das Gartenhaus im Frühjahr mitunter noch sehr kalt. Ich befürchte, dass der Kleine sich verkühlt, wenn er stundenlang im Unterhemd herumläuft. Natürlich könnte ich den Ofen anheizen, damit er es warm hat, aber ich möchte dringend nach draußen, in die Sonne, zu den Vögeln, den Blumen und vor allem zum Kaffee. Ich möchte nicht im dunklen Haus vor einem Kanonenofen hocken, den man alle paar Minuten mit Holzstückchen füttern muss, damit das Feuer nicht ausgeht.

Dieser Konflikt erzeugt in mir regelmäßig Ungeduld. So auch diesmal. Ich habe mir in den vergangenen Monaten schon etliche Tricks einfallen lassen, um meinen Enkel dazu zu bewegen, sich schneller anzuziehen.

Alles vergeblich. Keine Belohnung, kein Versprechen eines sofort nach dem Frühstück vorgelesenen Märchens, nichts half. Er zieht sich eben langsam an.

Ich könnte ihn einfach selbst anziehen. Das ginge schneller. Doch ich neige nicht dazu, Kindern etwas abzunehmen, was sie schon alleine können. Allerdings habe ich genauso wenig Lust, neben ihm zu stehen und ihm ständig zu sagen, er möge sich beeilen.

Also beschließe ich, diesmal zur Abwechslung ein Spiel daraus zu machen, und schlage ihm vor, wir beide könnten uns einmal um die Wette anziehen. Wer schneller fertig sei, bekäme einen Preis. Zum Beispiel eine schöne Tasse heißen Kakao mit Milchschaum. Na, wäre das was?

Vor Kurzem hat er an seinem ersten Sportfest im Kindergarten teilgenommen. Wettkämpfe sagen ihm also etwas. Der Schnellste ist Sieger, darf aufs Treppchen und bekommt Gold, Silber oder Bronze. Und eine Tasse Kakao, zumal ich weiß, wie er Kakao mit Milchschaum liebt, sollte Anreiz genug sein, denke ich.

Das ist ein Irrtum. Meine Idee zündet überhaupt nicht. Gemütlich kuschelt er sich ins Deckbett, sieht mich groß an und schlägt mir vor, den Wettkampf ein kleines bisschen abzuwandeln.

»Viel schöner ist«, sagt er, »wenn der, der sich am langsamsten anzieht, Sieger wird und den Kakao kriegt.«

»Warum wäre das schöner?«, frage ich.

»Weil ich das viel besser kann«, sagt er.

Diese Antwort finde ich so unschlagbar einleuchtend, dass ich mich sofort darauf einlasse. Allerdings bitte ich mir aus, mich vorher in eine Decke wickeln und mir draußen noch rasch einen Kaffee machen zu dürfen. Mir ist nämlich klar, dass ich diesen Wettkampf ohne Doping nicht durchstehe.

Danach heize ich den Ofen. Als es im Haus mollig genug ist, verkündet mein Enkel, er habe sich noch ein schönes Wort für den Sieger ausgedacht: Trödelkönig. Oder, falls ich gewinne, Trödelkönigin. Dann gibt er den Startschuss zum »Langsamanziehwettbewerb«.

Er ist so schnell angezogen wie noch nie, gewinnt aber trotzdem.

Danach sitzen wir draußen in der Sonne, der Trödelkönig mit seinem Kakao samt Milchschaum und ich mit meinem zweiten Kaffee, und überlegen uns noch andere lustige Wettbewerbe. Eine Olympiade im Langsamlaufen zum Beispiel oder eine im Kurzsprung. Oder einen Wettkampf für Langschläfer. Wer als Letzter aufwacht, ist Sieger.

Das sei bestimmt lustig, meint er, und alle können mitmachen.

Sonntagsträumerei

»Träum nicht!«

Es ist ein Sonntagmorgen, als ich die Stimme höre. Unsere Familie sitzt am Frühstückstisch. Ich halte die zarte chinesische Tasse mit dem Rosenmuster in der Hand und bin in die Farbe des Tees vertieft. Es sieht wunderschön aus, wenn sich der Zitronensaft darin verteilt.

Die Aufforderung, nicht zu träumen, kommt von meiner Mutter. Wahrscheinlich hatte sie mich gerade etwas gefragt, und ich habe nicht geantwortet. Meine Mutter mag es nicht, wenn man unaufmerksam ist. Träumen und trödeln gelten ihr als schändlich. Sie selbst tut so etwas nicht und möchte auch ihre Kinder vor diesem Schlendrian bewahren. Unpünktlich am Frühstückstisch zu erscheinen, untätig vor sich hinzuschauen, Tee zu betrachten, im Muster einer Tapete Bilder zu finden – das sind Verhaltensweisen, die sie unterbindet. Sie will anständige Menschen aus uns machen.

Vielleicht liegt das daran, dass meine Mutter im Mai 1945 siebzehn war. Anpacken, darum ging es. Sie räumte die Kriegstrümmer weg. Baute ein kaputtes Land auf. Fürs Träumen war keine Zeit. »Wer rastet, der rostet«, sagte sie. Oder: »Müßiggang ist aller Laster Anfang.« Oder: »Ausruhen kann ich mich, wenn ich tot bin.« Ich glaube, meine Liebe zu Zitaten und Spruchweisheiten habe ich von ihr. Überhaupt habe ich viel Gutes von ihr:

gärtnern, eine große Portion Pragmatismus, Zuverlässigkeit, christliche Werte, den Sinn fürs Praktische, Selbstdisziplin und auch das Geschichtenerzählen. Nur eines habe ich leider nicht von ihr gelernt: faulenzen. Das konnte sie mir nicht beibringen, weil sie diese Kunst nicht beherrschte. Sie versorgte uns Kinder, pflegte ihre alten Eltern, arbeitete Vollzeit, nähte Kleider und Jacken, kochte, wusch, bügelte, schlachtete Hühner, gab Nachbarskindern Nachhilfeunterricht, reparierte Wasserhähne und kaputte Fahrräder, fing wild gewordene Kaninchen ein und bewirtschaftete einen riesigen Garten. Bei alldem schaffte sie es noch, ein Puppentheater samt Pappmaschee-Handpuppen und Kulissenbeleuchtung für die Kindergeburtstage zu bauen. Nein, Schlendrian kann man meiner Mutter nicht nachsagen. Sie war ein Multi-Organisationstalent. Heute scheint es mir schier unglaublich, was sie alles an einem einzigen Tag schaffte und wie sie dabei noch die Übersicht behielt. Das erforderte sicher eine exakte Planung.

So war denn auch bei uns alles durchgeplant. Jede Stunde. Jeder Tag. Jede Woche. Bis einschließlich Samstagmittag wurde gearbeitet. Der Sonntag war ein besonderer Tag, aber nicht weniger verplant. Um acht Uhr gab es Frühstück mit Toastbrot, Reibekäse und schwarzem Tee mit Zitrone. Diesen Tee, den ich liebte, weil es ihn nur sonntags gab, weil er nach diesem Tag schmeckte und ich die kostbare Teetasse mit dem Rosenmuster benutzen durfte. Danach ging es zum Gottesdienst, um zwölf gab es Mittagessen, um zwei den gemeinsamen

Spaziergang durch die Gartenanlagen, um vier Kaffee und Kuchen, um sechs Abendbrot. Diese Struktur war unerschütterlich wie ein Naturgesetz, weshalb es mir damals undenkbar erschien, dass sie irgendwann einmal unterbrochen werden könnte.

Ich erinnere mich, als Kind häufig ein Gedankenexperiment gemacht zu haben. Sonntags, wenn unsere Familie sich am Frühstückstisch versammelt hatte, stellte ich mir vor, es wäre in diesem Augenblick fünf oder sieben oder zwanzig Jahre später, wir hätten wieder Sonntagmorgen um acht und alles wäre genauso: Meine Mutter, mein Vater und meine Schwester säßen am Frühstückstisch, auf denselben Plätzen, alle sähen ein bisschen älter aus, hätten ein paar mehr Falten oder ein paar mehr graue Haare, doch sonst wäre alles wie immer. Einerseits fühlte sich das vertraut und sicher an, als könne die Welt untergehen, aber nicht die Planung meiner Mutter. Andererseits war diese Vorstellung einigermaßen gruselig. Wegen des zunehmenden Grusels musste ich das Gedankenexperiment oft abbrechen.

Das alles ist lange her. Heute ist wieder Sonntag. Es ist morgens um kurz nach acht. Und ich sitze an keinem Tisch, esse weder Toastbrot noch sonst etwas, sondern lümmle auf einer gemütlichen Couch herum, lasse es mir gutgehen und gebe mich meinen Erinnerungen hin. Neben mir steht eine chinesische Teetasse mit Rosenmuster. Es ist sogar schwarzer Tee mit Zitrone darin.

Rituale sind gut. Wenn sie guttun. Sie geben Halt und Struktur. Sie können das Leben erleichtern, weil man nicht jeden Moment neu überlegen muss, was zu tun ist. Rituale zu durchbrechen ist aber ebenso gut. Und zwar, wenn sie anfangen, einem die Luft zu nehmen. Als erwachsener Mensch darf man einengende Gewohnheiten abschaffen. Man darf Neues ausprobieren, gucken, was sich besser anfühlt. Das ist der große Vorteil am Erwachsensein. Ich vergesse das manchmal. Besonders, wenn ich glaube, immer funktionieren zu müssen.

Es ist Sonntagmorgen, und ich träume. Wie wunderbar. Diesen Tag werde ich von Anfang bis Ende genießen, so viel ist schon jetzt klar.

Meiner Mutter hätte ich gewünscht, dass sie sich bei all ihrer vielen Arbeit auch manchmal hätte unterbrechen können. Dass sie sich getraut hätte, Zeit leer zu lassen. Dass sie einmal aus dem Fenster geschaut und ihren Blick in das Blau des Himmels getaucht hätte. Dass sie entdeckt hätte, wie zauberhaft es aussieht, wenn sich Zitronensaft kreisend im schwarzen Tee verteilt, welch eine fröhlich leuchtende Farbe das ergibt. Ja, Zeiten der Muße, des Träumens hätte ich ihr gewünscht, ein bisschen Schlendrian ab und zu, ein bisschen Ausruhen, schon zu Lebzeiten, und ein Vertrauen darauf, dass man auch vollkommen in Ordnung ist, wenn man nichts tut.

Erdbewohner

Ein Morgen im Sommer. Kein Lüftchen regt sich. Wie verzaubert betrachte ich meinen Garten. Gelbe Sandwespen saugen an den Blüten des Korianders. Ein Admiral taumelt über dem violetten Sommerflieder. Jetzt umschwirrt ihn ein Zitronenfalter. Eine Libelle nimmt auf der Spitze eines Tomatenstabes Platz, fliegt auf, nimmt wieder Platz, fliegt wieder auf. Diese verrostete Eisenspitze scheint es ihr angetan zu haben.

Es ist still. Sanft trifft die Morgensonne die erste Phloxblüte. Die Samenstände der Glockenblumen. Das Silbergrün und die Blüten der Zucchini. Bienen und Hummeln können sich heute satt essen.

Und ich darf endlich aufstehen. Kein Gummi mehr in den Knien, keine Wattewolken im Kopf, vorbei die Halsschmerzen, selbst der Schnupfen ist gottlob auf ein erträgliches Maß geschrumpft. Vors Haus zu treten, welch eine Wohltat! Gierig sauge ich all die Herrlichkeit in mich ein. Zehn Tage lag ich im Bett. Eine Sommergrippe, meinte der Arzt. Vom medizinischen Standpunkt aus mag er recht haben, aber ich weiß, es steckt etwas anderes dahinter.

Mal ist es eine Grippe, mal eine Erkältung, mal ein Virusinfekt, mal eine Bandscheibe. Doch die Ursache ist jedes Mal dieselbe. Mein Körper zieht die Reißleine, weil ich es nicht mache. Mein Körper nimmt die Zügel in die Hand. Lehnt sich auf. Verweigert das Funktionieren. Er ist stärker als ich, weil er schwach werden kann.

Jetzt stehe ich im Garten, und die Welt hat sich verwandelt. Ruhig ist sie geworden. Ihre Farben sind tröstend. Die Luft süß und frisch. Ich war im Dunkeln gewesen, und nun bin ich im Licht. Es ist zurückgekehrt. Ohne mein Zutun.

Die Hummeln haben Blütenstaubhosen an. Das Tagpfauenauge taumelt duftbetäubt. Eine Amsel hüpft über die Wiese und sucht sich die letzten Süßkirschen als Frühstück aus. Zwei Spatzen baden in der Wassertränke. Es hat viel geregnet in den letzten Wochen. Und ich habe keinen Handschlag getan. Jetzt ist mein Garten ein Urwald. Ein Paradies für Tiere, die es sicher gut fanden, in Ruhe gelassen zu werden. Offensichtlich ist die Welt von meinem Nichtstun nicht untergegangen. Ich bin entbehrlich.

Heute wundere ich mich über meine Gewohnheit, immer etwas tun zu wollen. Keine Blume macht sich solch einen Stress. Kein Baum. Kein Strauch. Kein Grashalm. Sogar meine tierischen Gartenbesucher gehen selbstverständlich davon aus, dass für sie gesorgt ist. Amseln und Spatzen, Rotschwanz und Specht, Bienen, Hummeln und Libellen, alle bedienen sie sich von der großen Tafel, die die Natur für sie bereithält. Ohne jemals zu fragen, was sie dafür tun müssen. Einfach nur, weil sie Erdbewohner sind.

Und das bin ich ja auch.

Vielleicht ist auch für mich gesorgt? Vielleicht hängt nichts davon ab, was ich leiste. Gar nichts?

An diesem Morgen glaube ich es.

Die Enten

Wir gehen die sandige Dorfstraße entlang, mein Vater, meine Schwester und ich. Die Sonne scheint, es ist warm und duftet nach Lindenblüten. Mein Vater hält mich an der Hand. Meine Schwester läuft vor uns her, Ihre Füße machen Staubwolken.

Da höre ich ein Schnattern und Piepsen. Ich sehe auch gleich, woher es kommt. Es ist eine Entenfamilie. Eine große Ente vorn und hinter ihr viele winzige Gössel. Sie kommen von der Seite auf die Straße. Die große Ente ist die Mutter. Ihre Federn leuchten in der Sonne, grau, weiß und grün. Jetzt hält sie an, bleibt mitten auf der Straße stehen und wartet auf die kleinen gelben Federbälle, die in einer langen Reihe hinter ihr herwackeln. Sie guckt zu ihren Kindern.

Entzückt halte ich inne. Mein Vater bleibt auch stehen. Meine Schwester auch. Die Entenbabys sind winzig, bestimmt sind sie gerade aus den Eiern geschlüpft und eben erst getrocknet. So weich und kuschlig sind sie. Ich sehe sie an, und mein Herz wird warm.

Da stehen wir. Auf der einen Seite mein Vater. Meine Hand ist immer noch in seiner. Auf der anderen Seite meine Schwester. Und vor uns, ganz dicht, die Enten. Die Küken sind bei ihrer Mutter angekommen. Sie kuscheln sich bei ihr ein. Kriechen unter ihre Federn. Die Entenmutter schiebt sie mit dem Schnabel hin und her.

Wir gucken die Enten an. Aber die Enten gucken uns nicht an. Die große Ente hat nur Augen für ihre

Kinder. Die Gössel purzeln um sie herum. Wie lustig das ist! Ich kann mich gar nicht sattsehen an dem weichen Gelb.

Kleine Entenküken sind das Drolligste, was es gibt! In meinen Fingern kribbelt es. Gerne würde ich eines in die Hand nehmen. Den weichen Flaum an meine Wange halten! Das kleine Herz schlagen hören … Doch ich rühre mich nicht. Ich will sie nicht verscheuchen.

Ein Entenbaby fällt in den Sand und steht wieder auf. Jetzt noch eins. Die Entenmutter schnattert. Sie hilft ihnen auf die Füße. Die Gössel piepsen. Die große Ente ist da und passt auf sie auf. Sie ist stark. Mein Vater ist da und passt auf mich auf. Er ist auch stark. An seiner Hand merke ich, dass er fröhlich ist. Die Gössel leuchten wie die Sonne. Die gelbe Sonne scheint vom Himmel herunter. Es ist still und warm. Eins der Küken kriecht bei seiner Mama unter den Flügel.

Lange stehen wir so. Mein Vater, meine Schwester und ich. Keiner sagt etwas. Keiner geht weiter. Ich bin voller Freude. Ich drücke die Hand meines Vaters. Er drückt zurück.

ALLE ZEIT

Ich geh in die Stille
Leg mein Gepäck ab
Und schweige

Und wenn ich zurückkomm
Bin ich verwandelt
Von nichts

Alte Dinge

Vor zehn Jahren schenkte mir mein Sohn zum Geburtstag einen Toaster. Schick war er, vollautomatisch, pink und sah teuer aus. Kurz darauf beschwerte sich mein Sohn, dass ich ihn nicht benutzen würde. »Aber ich habe schon einen Toaster«, sagte ich. »Das alte Ding«, entgegnete er. »Er funktioniert«, sagte ich.

Zugegeben, der Frischeste ist mein Toaster nicht mehr. Er ist silberfarben, mit einem schwarzen Bakelitsockel und zwei verchromten Metallklappen, die man runterdrückt, um das Brot einzulegen. Die Beschichtung der Klappen ist teilweise abgestoßen, dort gibt es etwas Rost. Innen hat er mit Drahtschlaufen umwickelte Röhren. Die fangen bei Betrieb zu glühen an und erhitzen das Brot. Allerdings röstet der Toaster das Brot nur auf einer Seite, man muss es per Hand umdrehen, rechtzeitig, sonst hat man Kohle. Eine automatische Abschaltung fehlt ebenso wie ein Auswurfmechanismus. Es ist unvermeidlich, dass man sich mindestens einmal pro Mahlzeit an den Metallklappen die Finger verbrennt. Das Kabel hat einen Keramikstecker, der jeglicher DIN-Norm spottet, nur in dieses Gerät passt und den man nirgendwo kaufen kann. Einen Schalter hat der Toaster ebenfalls nicht. Steckt man ihn ein, wird er heiß, je länger er eingesteckt bleibt, umso heißer. Folglich toastet die zweite Scheibe schneller als die erste, die dritte schneller als die zweite und so weiter. Dieser Toaster ist etwas Besonderes. Ihn zu bedienen, verlangt Geschick.

Ich habe ihn von meinen Eltern geerbt. Die haben ihn sich zur Verlobung gekauft. 1951. Seitdem tut er, was ein Toaster tun soll.

Warum ich ihn nicht wegwerfe, fragt mein Sohn. Er sei wirklich keine Schönheit mehr. Und so unpraktisch. »Er funktioniert«, sage ich. »Aber er ist voll altmodisch«, sagt mein Sohn.

Dass dieser Toaster noch immer funktioniert, finde ich erstaunlich genug. Ein heutiges Elektrogerät funktioniert nicht 67 Jahre lang. Doch nicht nur deshalb mag ich ihn. Ein weiterer Grund ist, dass er in meiner Kindheit nur sonntags benutzt wurde. Die ganze Familie saß zusammen und frühstückte. Das war schön. Er ist ein Sonntags-Toaster, ein Symbol für Gemütlichkeit. Außerdem verbindet er mich mit einem Stück deutscher Geschichte, einer Zeit, in der ich selbst noch nicht auf der Welt war. 1951. Sechs Jahre nach dem Krieg. Nun konnten meine Eltern vielleicht glauben, dass der Schrecken wirklich vorbei war, und mussten nicht mehr nur ans Überleben denken. Nun konnten sie sich schon ein bisschen wohlfühlen. Deutschland war in Zonen geteilt, die Mauer noch nicht in Sicht, im Westen ging es schneller aufwärts, man hatte Verwandte dort, wenn die zu Besuch kamen, rochen sie gut und waren schick angezogen. Nach all den Trümmern musste die Sehnsucht meiner Eltern nach etwas Schönem unglaublich gewesen sein. Man kann eine Menge aushalten im Leben. Man kann lange mit fast nichts auskommen. Doch wenn das durchgestanden ist, taucht diese Lust am Überflüssigen auf, an der kleinen Freude. Ich glaube, diese Lust ist etwas Lebendiges. Gerade, weil meine Eltern bis an ihr Lebensende sparsame Menschen waren, finde ich diese Geldausgabe für einen Mini-Luxus so rührend. Sie mir als frisch verliebtes Paar vorzustellen, voller Hunger nach Leben und Liebe, das macht mein Herz weit. 1950 hatten sie sich kennengelernt. Diese zwei Menschen, die mir später oft so nüchtern erschienen, waren tatsächlich einmal verliebt gewesen! Sie hatten sich geküsst, sich über ihre Liebe gefreut, sich verlobt und sich als I-Tüpfelchen diesen Toaster gekauft. Immer wenn ich ihn ansehe, steht mir dieser fröhliche Neuanfang meiner Eltern vor Augen. Ich selbst war nicht Zeugin dieser Liebe, aber mein Toaster, der hat es gesehen!

Nicht zuletzt steht mein alter Toaster für Werte, die ich schätze: ehrliche Arbeit, Handwerkskunst, Sinn für Ästhetik. Jemand, der seine Arbeit verstand, hat dieses Gerät zusammengeschraubt. Seitdem funktioniert es. Keine Sollbruchstelle ist eingebaut. Es gibt keinen Schnickschnack, der mich täuschen und verlocken soll. Nichts, was da nicht hingehört. Dieser Toaster gibt nicht vor, etwas anderes zu sein, als er ist. Ich mag Dinge, die nur das sind, was sie zu sein vorgeben. So habe ich auch noch eine kleine Holz-Pfeffermühle aus den Zwanzigern, die Flotte Lotte meiner Urgroßmutter, die dünnwandigen Weingläser meiner Tante Klara, die Muskatnussreibe, die alte Schreibmaschine, ein zerlesenes Märchenbuch meiner Mutter, das sie auf der Flucht mitschleppte, und eine Tischlampe von Großtante Erni, die mit 99 Jahren starb. Besonders lieb ist mir in dieser Sammlung ein Eichentisch, den mein Urgroßvater 1902 baute. Sein Gesellenstück zur Tischlerprüfung.

Wenn Dinge alt sind und geliebt wurden, strahlen sie Würde und Ruhe aus. Eigentlich sind es nicht die Dinge, es sind die Geschichten, die in ihnen stecken. Die mich in Verbindung bringen mit meinen Vorfahren und mit einer Zeit, die langsamer war als unsere.

Mittlerweile stehe ich dazu, dass ich alte Dinge liebe. Wenn jemand das altmodisch findet, kann er das gern tun, es stört mich nicht. Ich habe ein Alter erreicht, in dem ich von der Last befreit bin, up to date sein zu müssen. Schließlich wird das Leben zum Ende wesentlicher, also möchte ich auch von wesentlichen Dingen umgeben sein, zum Beispiel von Toastern, die nur Toaster sind.

Übrigens: Den schicken Plastik-Pink-Toaster nahm mein Sohn irgendwann wieder mit. Kurz darauf erzählte er, das Gerät funktioniere nicht mehr. Es werfe die Brotscheiben nicht aus und schalte sich nicht mehr automatisch ab. Ich schlug ihm vor, das gute Stück zurückzugeben, es müsse doch noch Garantie haben. Er stimmte mir zu, was die Garantie betraf, meinte aber, er könne den Kassenzettel nicht mehr finden.

Das ist zehn Jahre her. Meinen alten Toaster benutze ich noch immer.

Das Schatzkästchen

Auf meiner Kommode steht ein Schatzkästchen. Das habe ich mir vor vielen Jahren aus einem Karton gebastelt, den ich erst mit schwarzer Acrylfarbe anmalte und nach und nach mit allem Glitzerzeug beklebte, das ich auftreiben konnte: Schmetterlinge, Strasssteinchen, Herzen, Sterne, Goldbordüren. Auf dem Deckel steht in Goldschrift: Gut zu mir sein. An Tagen, an denen ich sehr erschöpft bin und nicht mehr so genau weiß, was mir guttut, öffne ich den Deckel und ziehe blind einen Zettel heraus.

Darauf steht zum Beispiel: Basteln. Ziehe ich den Bastel-Zettel, gehe ich zum Zeitschriftenstapel, blättere Illustrierte durch und suche nach Bildern. Die schneide ich aus und klebe sie auf Schreibpapier. Fertig ist ein fröhlicher Briefbogen. Für das Basteln von Briefumschlägen habe ich eine Sammlung alter Wandkalender, die mittlerweile auch von Freunden ergänzt wird. Ich liebe basteln! Ich muss nur eine Schere in die Hand nehmen, Papier ausschneiden, kleben, verzieren, schon entspanne ich mich.

Auf einem anderen Zettel steht: Gärtnern. Im Garten geht es mir immer gut. Wenn ich an den Blumen schnuppere, Rosen schneide, Kompost umsetze, Erbsen aussäe, den Vögeln lausche, mir den Wind um die Ohren fliegen lasse, dann kehrt Ruhe in mich ein. Und obwohl ich danach körperlich oft erschöpfter bin als vorher, fühle ich mich erholt. Gärtnern ist meine Seelentankstelle schlechthin.

Viele solcher Zettel gibt es in meinem Kästchen. Darauf stehen lauter schöne Dinge, die mir an harten Tagen helfen, wieder zu mir zu kommen. In einer dunklen Phase meines Lebens habe ich mir dieses Kästchen gebaut. Damals war ich unglücklich. Darum ist es schwarz gestrichen. Zuerst hatte es nur einen goldenen Stern an der Seite. Ich wollte mich selbst daran erinnern, dass es auch etwas Schönes gibt. Das Kästchen ist schon viermal mit mir umgezogen und an den Ecken ein wenig angestoßen. Heute ist es mit so vielen Zetteln gefüllt, dass ich eine reiche Auswahl habe. Hier ein paar Beispiele: spazieren gehen, Fahrrad fahren, Lieblingsgedichte laut lesen, ins Theater gehen, jemandem einen Brief schreiben, einem fremden Menschen ein Kompliment machen, einen Termin absagen, ins Kino gehen, Tagebuch schreiben, in den Wald gehen und Moos anfassen, S-Bahn fahren und aussteigen, wo ich noch nie war, Suppe kochen, in einem Spielzeugladen durch mindestens zwanzig Kaleidoskope gucken, ohne eins davon zu kaufen, in eine Ausstellung gehen, mir selbst Blumen kaufen, ans Meer fahren, im Antiquariat stundenlang in Büchern stöbern, malen, faulenzen, Gedichte schreiben, dösen, einen Eisbecher essen, das Telefon abstellen, in eine Kirche gehen, still werden, eine Freundin anrufen, scrabbeln, bummeln, schlafen ...

Das sind nur einige meiner Schatzkästchen-Zettel, mit deren Hilfe ich schon wunderbare Erholungspausen erlebt und Überraschendes entdeckt habe. Ich freue mich, diesen bunten Karton bei mir zu haben. Denn selbst im geschlossenen Zustand erinnert er mich daran, dass das Leben selbst ein Schatzkästchen ist, das nur darauf wartet, geöffnet zu werden.

Zauberstaub

Ich spiele auf dem Kirchenplatz. Hier ist es immer kühl, selbst im Sommer. Es riecht feucht und modrig, nach faulen Blättern und Erde. Die alten Linden mit ihren breiten Armen lassen wenig Sonnenlicht durch. Am kältesten und geheimnisvollsten ist es direkt am Fuß der Kirche. Ihre moosbewachsenen Steine sind lebendig. Es sind Tiere, die ich streicheln kann. Auf dem Feldsteinsockel wohnen blassgrüne Flechten mit winzigen Blättern, die ich nur erkenne, wenn ich dicht mit den Augen herangehe. Die Blätter sehen wie Herzen aus. Ich finde ein Spatzenjunges, das aus dem Nest gefallen ist. Es ist tot. Neben ihm kriechen am Boden zwei Käfer herum, einer mit rotem und einer mit blauem Rücken. Und überall gibt es Erdlöcher, in die ich meine Hand stecken kann. In den Löchern ist es kalt.

Die winzige Holztür an der Seite der Kirche ist oben spitz und gefällt mir besonders. Ob die Menschen früher so klein waren, dass sie dort hineinpassten? Oder war das ein Eingang für Kinder?

Die Linden haben große, knochige Wurzeln, die aus der Erde gucken wie Gnome. Überall liegen Glasscherben herum, in allen Farben, violett, rot, blau, gelb, die sind aus den hohen Kirchenfenstern gefallen. Ich kann sie sammeln und mir vor die Augen halten, dann wird alles bunt.

Oben an der Kirchenwand ist die Sonnenuhr aus Stein, ohne Zeiger, dafür mit Bildern von Sonne, Mond und Sternen.

Ich erkunde die Mauern, die verfallenen Treppen, Gänge, Türen, Löcher und Wurzeln. Unheimlich schreien die Krähen in den Kronen der Linden ... Ich bin vier Jahre alt. Auf dem Kirchenplatz spiele ich gern. Hier gibt es so viel zu entdecken. Ich träume in den Nischen alter Mauern, die ihre Steine verlieren: ganze Ziegel, halbe Ziegel, winzige Ziegelstücke von einem warmen, leuchtenden Rot. Die kleinsten Stücke sammle ich ein und trage sie zur Treppe. Hier, vor der zugemauerten Tür, ist mein liebster Platz. Die Stufen sind zerbrochen und haben Höhlen freigegeben. Dort verstecke ich meine Schätze. Leere Streichholzschachteln zum Beispiel. Oder meinen Stein zum Klopfen. Gleich über der Treppe liegt ein großer, flacher Stein. Er ist glattpoliert. Auf ihm sortiere ich meine Ziegelstücke der Größe nach. Danach hole ich meinen Feldstein aus dem Versteck. Der ist schwarz wie Ruß und liegt gut in der Hand.

Und dann geht es los. Ich fasse ein Ziegelstück mit der linken Hand, lege es auf den glatten Stein, hebe den Arm und schlage zu. Der Ziegel splittert. Ich schiebe die Splitter zusammen und schlage wieder. Immer und immer wieder lasse ich meinen Feldstein auf die Splitter niedersausen. Ich quetsche mir die Finger, Ziegelsplitter fliegen mir ins Gesicht. Ich bin Kraft und Stein und Hand. Der Schweiß läuft mir die Stirn herunter. Meine

Augen auf das rote Häufchen gerichtet, haue ich auf dieses ein. Endlos. Glücklich. Umgeben von Ewigkeit.

Je kleiner die Ziegelstückchen werden, umso kleiner wird das Häufchen. Ich will mir roten Staub machen. Meine Arme zittern. Ich kann kaum noch den Stein halten. Aber ich mache weiter.

Endlich ist der Staub so fein, dass er sich zwischen den Fingerspitzen samtig weich zerreiben lässt. Das ist mein Zauberstaub. Feierlich reibe ich mich damit ein. Im Gesicht kratzt es. Mir ist heiß. Meine Augen brennen. Ich reibe den Staub auf meine Beine, auf Arme, Hals und Gesicht. Auf Bauch und Füße. Meine Haut wird rot wie ein Ziegel.

Nun kann ich mich in alles verwandeln, was ich sein will. In einen Indianer, eine Prinzessin, einen Tiger oder Löwen. Und je roter ich werde, umso stärker wird die andere Welt, die Welt der Märchen, in der es Feen, Hexen, Prinzen, Prinzessinnen, Königinnen, Indianer und Zauberer gibt. Nach all der Anstrengung bin ich meinem Ziel ganz nahe, stehe kurz davor, mich in eine Prinzessin zu verwandeln, die die Krähensprache versteht, schon fühle ich den Hermelin auf den Schultern, schon steht alles deutlich vor mir, ich werde Abenteuer erleben und mit Hilfe der Krähen, die mir die Lösung des Rätsels verraten, den Riesen besiegen ... Da öffnet sich ein Fenster und meine Mutter ruft mich zum Abendbrot.

Im Nu muss ich wieder ein kleines Mädchen werden. Schnell schiebe ich den Staub in die Streichholzschachtel und verstecke sie unter der Treppe. Für den nächsten Tag. Wenn ich weiterspielen kann.

Zauberstaub herzustellen war mein Lieblingsspiel. Endlose Tage verbrachte ich allein im Schatten der zerfallenden Kirche. Und lernte dabei alles, was man im Leben braucht.

Alle Zeit der Welt

Neulich besuchte ich eine Verwandte. Sie ist 95, hat drei Ehemänner überlebt, liest am liebsten Krimis, isst gern Cremetorte, wohnt in ihrer eigenen Wohnung und versorgt sich selbst. Sie war schon immer ein starker Charakter. Schon als Kind bewunderte ich sie.

Beim Abschied fragte ich sie, wie man so alt wird. Ob sie bereit sei, mir ihr Geheimnis zu verraten.

Ihre Antwort kam prompt: »Mach, was du wirklich willst.«

Dieser Satz verblüffte mich. Ich hatte mit einem Trick gerechnet, jeden Morgen ein bisschen Frühsport, jeden Abend einen Schluck Likör oder etwas in der Art.

Auf den Heimweg dachte ich über ihre Antwort nach. Ich fragte mich, was das in meinem Fall bedeuten könnte. Und musste plötzlich über mich selbst lachen. Machen, was ich will? Das tue ich ja längst! Das habe ich früh entdeckt, und bis heute ist es meine liebste Beschäftigung geblieben: die himmlische Bibliothek besuchen!

Wenn ich mich hinsetze, einen Stift zur Hand nehme und schreibe, trete ich in einen anderen Daseinszustand ein. Dann bin ich bei mir, werde ruhig und neugierig. Ich werde eins mit etwas Größerem und lasse mich tragen von den Flügeln der Fantasie. Gelingt es mir, nur im Schreiben zu sein, nicht nachzudenken, nichts zu wollen als das, was gerade unter meinen Fingern entsteht, ist der angenehmste Zustand erreicht, den ich kenne. Mein

Zeitempfinden löst sich auf, und es stellt sich Mühelosigkeit ein. Für mich ist Schreiben intensivstes Dasein im Augenblick. Schreibe ich, habe ich alle Zeit der Welt.

Ja, ich mache, was ich will. Doch obwohl ich schon als Kind Geschichten erfand, mussten noch etliche Jahre vergehen, bis ich es wagte, daraus meinen Beruf zu machen. Ich musste erst mit etlichen anderen Konzepten scheitern, um zu begreifen, dass es fremde Konzepte gewesen waren, die ich zu leben versuchte. Und dass es noch etwas Wertvolleres in mir gibt. Ein Geschenk, das ich nicht wegwerfen darf.

Wenn eine Geschichte zu mir kommt, habe ich demütig zu sein und sie aufzuschreiben. Egal, in welcher Situation. Egal, zu welcher Tageszeit. Das ist meine Aufgabe: das Geschenk anzunehmen und sichtbar zu machen.

Und natürlich besteht meine Arbeit nicht nur darin, beschenkt zu werden. Soll ein Text entstehen, von dem auch andere etwas haben, muss ich ihn gründlich überarbeiten, muss diszipliniert sein und sehr wohl nachdenken. Doch das ist ein anderer Vorgang, der erst später kommt. Ich hüte mich, diese beiden Schritte zu früh zu vermischen, der Verstand ist kein guter Ratgeber für die Fantasie.

Heute ist mir bewusst, welch ein Glück ich habe, tun zu können, was ich will. Wer weiß, vielleicht führt das tatsächlich dazu, dass ich 95 werde. Aber ehrlich gesagt, möchte ich das nur, wenn ich bis zum letzten Tag meines Lebens einen Stift halten und schreiben kann.

Urlaub

»Wann hast du eigentlich das letzte Mal Urlaub gemacht?« Meine Freundin traf den Nagel auf den Kopf. Ich war nicht ohne Grund so erschöpft. Urlaub? Das musste Jahre her sein. Urlaub ist für Freiberufler eher ungewöhnlich. Schließlich hat man sich die Arbeit ausgesucht, die man am liebsten macht, ist seine eigene Chefin, hat sich dafür entschieden. Warum also sollte man eine Auszeit nehmen?

Ihre Frage ließ mich nicht mehr los. Es erschreckte mich, dass ich mich wie im Hamsterrad fühlte. Dass ich wieder einmal nicht von selbst auf die Idee gekommen war, über eine Pause nachzudenken.

Das Wort URLAUB breitete sich von Tag zu Tag mehr in meinem Kopf aus. Es wurde größer und setzte wunderbare Assoziationen frei. Kurz: Ich kam nicht mehr um die Erkenntnis herum, dass ich ihn dringend nötig hatte. Aber ich wusste gar nicht mehr, wie Urlaub geht. Außerdem hatte ich keine Lust auf komplizierte Freizeitplanung, kalte Bahnhöfe, horrende Geldausgaben, Touristenströme und Sehenswürdigkeiten. Worauf hatte ich Lust? Am ehesten auf das Gegenteil von Alltag. Konkret: nichts planen. Nichts vorhaben. Bummeln, trödeln, träumen, in den Tag hineinleben. Keine Verantwortung für gar nichts übernehmen. Den lieben Gott einen guten Mann sein lassen.

Würde mir das gelingen? Ich war skeptisch.

Ich beschloss, ein Experiment zu wagen. Alles, was mich im Alltag anstrengte, sollte im Urlaub nichts zu suchen haben: Handy, Telefon, Uhr, Internet, E-Mails, Computer, Kalender. Weg damit. Ausschalten, zuklappen und ab in die Schublade. Warum sollte Urlaub nicht auch zu Hause möglich sein? Ich musste doch nicht wegfahren, wenn ich keine Lust dazu hatte!

Ich beantragte zehn Tage Urlaub bei meiner Chefin, also bei mir selbst, genehmigte sie sofort, durchforstete meinen Kalender und schob die Termine hin und her, bis ich mir zehn zusammenhängende leere Tage gebastelt hatte. Ich war stolz auf mich. Ich richtete auf meinem Mail-Account eine Abwesenheitsnotiz ein und gab im Freundeskreis meine Urlaubszeit bekannt. »Wo fährst du hin?«, fragten sie. »Was machst du?« – »Nirgendwohin«, entgegnete ich. »Und machen muss ich nichts.« Das gefiel mir so gut, dass ich mit einem dicken Stift ganz groß »ICH MUSS NICHTS – ICH DARF ALLES« auf ein Blatt Papier schrieb und es an meine Zimmertür pinnte. Das sollte mein Motto der kommenden zehn Tage werden. Ich gebe zu, dass mir mulmig zumute war. Ohne Telefon und Mails, ohne Kontakt zur Außenwelt befürchtete ich Einsamkeitszustände, wenn nicht Depressionen.

Dann kam der erste Urlaubstag. Prompt war ich um sechs Uhr wach und überlegte sofort, was anlag. Bis mir einfiel: Nichts. Ich habe Urlaub. Ratlos stand ich auf, schaute mich um und sah nur Arbeit. Ich trank einen Kaffee und fragte mich, was ich jetzt wollte. Raus, war die Antwort.

Der Rucksack ist leicht: Trinkflasche, Brote, Tagebuch, Stift, Geld. Vormittags sitze ich an der Spree und schaue aufs Wasser. Wenn mir etwas in den Kopf kommt, was ich glaube dringend erledigen zu müssen, schreibe ich es ins Tagebuch, reiße die Seite heraus und werfe sie in den Fluss. Es tut gut, den schwimmenden Schnipseln nachzuschauen. Sich vorzustellen, wie das Papier sich später zersetzt und auf den Grund sinkt.

In mir formen sich Gedichte. Worte, die eine Musik ergeben. Ich sage sie mir vor, wandle sie ab, spinne sie weiter, sage sie erneut auf, bis sie stimmen. Ich notiere sie. Manche Dinge werden nur gut, wenn man sie langsam genug macht. Gedichte gehören eindeutig dazu, ich vermute jedoch, das gilt auch für anderes.

Irgendwann gehe ich einen Eisbecher essen. »Das dauert aber fünf Minuten«, sagt die Kellnerin. »Wir haben viel zu tun.« »Das macht nichts«, erwidere ich. »Ich habe Zeit. Ich bin im Urlaub.« Und mich durchströmt ein tiefes Glück über das, was ich gesagt habe. Die Zeit rast, ich muss nicht mitrasen. Ich kann anhalten. Mir ist, als habe ich die Bedeutung des Wortes »Urlaub« eben erst begriffen.

Später steige ich in eine S-Bahn, ohne darauf zu achten, wohin sie fährt, verlasse sie an einer Station, an der ich noch nie war, gehe geradeaus, entdecke eine Halle mit offenen Toren, die sich als afrikanischer Lebensmittelmarkt entpuppt, und tauche ein in eine fremde Welt. Ich betrachte unbekannte Gewürze, Obst- und Gemüsesorten, schwelge in Farben, Geräuschen und Düften. Ich schaue mir alles ausgiebig an und kaufe mutig ein pflaumengroßes haariges rotes Etwas, das Rambutan heißt und laut Aussage des Verkäufers essbar ist. Es wird dunkel. Ich fahre nach Hause. Rambutan schmeckt.

Am nächsten Tag komme ich an einem Puppentheater vorbei, gehe in die Kindervorstellung »Hans im Glück«, stromere danach endlos durch die Stadt, sehe die Menschen an und staune, wie schön sie sind. Mitunter weiß ich nichts mit mir anzufangen. Das macht nichts. Ich beobachte Spatzen am Spreeufer, lasse mir den Wind um die Ohren pusten, gucke in den Himmel und vergeude meine Stunden. Irgendwann weiß ich nicht mehr, welcher Wochentag ist. Eine Hülle von Zeitlosigkeit umgibt mich. Wenn ich Hunger bekomme, esse ich, wenn ich müde werde, lege ich mich schlafen. Wenn ich wach bin, stehe ich auf. Einen ganzen Tag verbringe ich im Bett mit meinen Lieblingsbüchern. An einem anderen fahre ich mit dem Fahrrad bis an den Stadtrand, laufe über Felder, alle Herbstfarben sammeln sich in meinen Augen. Auf einem Feld stehen Rehe, heben kurz den Kopf, als ich vorbeigehe, dann wackeln sie mit den Ohren und grasen weiter. Ich finde einen kleinen See. Die Wellen schwappen ans Ufer. Ich setze mich in den Sand und sehe dem Licht zu, das auf den Wellen tanzt. Ich schreibe Tagebuch. Neben mir steht eine Weide. Während ich ihren Stamm betrachte, fällt mir auf, dass alles, was sich langsamer bewegt als ich (zum Beispiel die Weide), mich beruhigt, wenn ich es ansehe. Und dass alles, was sich schneller bewegt als ich (zum Beispiel eine fahrende S-Bahn), mich stresst. Ich bin begeistert. Das ist doch mal ein geniales Instrument, mit dessen Hilfe ich mein eigenes Tempo herausfinden kann. Mein gesundes Tempo liegt also zwischen dem von Weide und S-Bahn.

Fischschwärme huschen durchs sonnendurchflutete Wasser. Ich schreibe über Fische, über mich, über das Wasser, über die Weide.

Ich gehe weiter. Lasse mich treiben. Schreibe, schaue, schreibe nichts. Ich betrachte Gesichter, Leuchtreklame, einen Stein. Bleibe auf dem Bürgersteig stehen und entdecke: Zwischen den Ritzen der Gehwegplatten leben Ameisen. In einem Park stehe ich plötzlich vor einem Igel. Eine Nacht verbringe ich in einer Pension, weil ich keine Lust habe, nach Hause zu fahren. Eine andere Nacht bei einer Freundin auf der Wohnzimmercouch. Die Tage fließen ineinander. Es wird still in mir. Ich gehe langsamer. Atme langsamer. Denke langsamer. Manchmal langweile ich mich. Dann sage ich mir: Guck an. Das ist mal etwas Neues. Und erlaube mir, gelangweilt zu sein. Überhaupt erlaube ich mir viel: fremde Menschen anzulächeln, Spielzeugläden zu betreten, Spieluhren aufzuziehen, durch zwanzig verschiedene Kaleidoskope zu schauen, jeden Tag Eis zu essen, die Füße ins Spreewasser zu halten.

In dieser Zeit sackt etwas in mich. Immer ein kleines Stück tiefer. Ich glaube, das bin ich, die ich wieder hineinsacke in meinen Körper, in mich selbst. Das Handy fehlt mir ebenso wenig wie der Computer. Uhr und Kalender vermisse ich nicht ein einziges Mal.

Zehn Tage sind eine gute Zeit. Jetzt freue ich mich aufs Arbeiten. Und das Motto »Ich muss nichts – ich darf alles« nehme ich mit in meinen Alltag. Ich will mich wenigstens einmal täglich daran erinnern, dass ich allein es bin, die bestimmt, wie ich meine Lebenszeit verbringe.

Übrigens habe ich gerade erfahren, dass der gesetzliche Mindesturlaub für Menschen meines Alters dreißig Tage im Jahr beträgt. Da muss ich doch gleich mal in den Kalender gucken. Und dann mit meiner Chefin reden, wann ich die restlichen zwanzig Tage nehme.

Dank

Ich danke Ingrid Kaech, die den gordischen Schreibknoten mit Bravour und Grazie löste. Den Testleserinnen Ingrid Herzog, Andrea Lauer und Ilka Haederle danke ich, dass sie diesem Buch ihre kostbare Zeit und Aufmerksamkeit schenkten. Ihre Kritik hat mir geholfen, jeder Geschichte die richtigen Worte zu geben. Ich danke meinem Lektor Dr. Ulrich Sander, dessen Geduld mit mir schon im Vorfeld erstaunlich war. Unsere Zusammenarbeit habe ich sehr genossen. Und nicht zuletzt danke ich dem Patmos Verlag für das entgegengebrachte Vertrauen.

Doris Bewernitz

Zur Autorin

Doris Bewernitz lebt als freie Schriftstellerin in Berlin. Sie schreibt Romane, Krimis, Kurzgeschichten, Lyrik und Satiren. Bisher liegen 16 Bücher der Autorin in mehreren Verlagen vor, weitere Texte wurden in Anthologien und Zeitschriften veröffentlicht. Für ihre Geschichten und Gedichte erhielt Bewernitz etliche literarische Preise. Vor ihrer Schriftstellertätigkeit arbeitete sie als Lehrerin, Krankenschwester, Sozialarbeiterin, Spielplatzgestalterin, Gerichtsprotokollantin, Drogenberaterin und Dozentin in der Erwachsenenbildung. Sie hat zwei erwachsene Söhne und vier Enkelkinder.

Website: www.doris.bewernitz.net

Doris Bewernitz
Vom Engel, der die Zeit anhielt
Himmlische Begegnungen

48 Seiten | Hardcover
Durchgehend vierfarbig illustriert
Verlag am Eschbach
ISBN 978-3-86917-491-4

Sind Sie schon einmal einem Engel begegnet, vielleicht ohne es zu bemerken? Die Autorin Doris Bewernitz erzählt in ihren Geschichten und Gedichten, dass dies überall möglich ist: an der Kasse im Supermarkt, in der Stadt, im Krankenhaus, im Café oder auf dem Weg zur Arbeit.

Doris Bewernitz
Wo die Seele aufblüht
Warum ein Garten glücklich macht

192 Seiten | Hardcover
Durchgehend vierfarbig
mit Illustrationen von
Sally Crosthwaite und
Fotos von Manuela Göhner
Verlag am Eschbach
ISBN 978-3-86917-603-1

»Willst du ein Leben lang glücklich sein, so lege dir einen Garten an«, sagt ein Sprichwort. An einem Freitag im April erfüllt sich die Autorin diesen Traum und erwirbt ein kleines Stück Natur, das sie von nun an mit Leben füllt. Ein Jahr lang begleiten wir sie auf diesem Weg. Wir erfahren, wie die Komposttherapie funktioniert, welches Credo die Nacktschnecke singt oder wie sich Moosgraffiti züchten lässt. Doch dieses Buch ist viel mehr als ein spannend und unterhaltsam erzähltes Gartenbuch. Es ist eine Liebeserklärung an den Garten, an jeden Garten, an das Leben überhaupt.

Doris Bewernitz
Kluge Frauen leben bunter
Geschichten und Gedanken
zum Aufblühen

48 Seiten | Hardcover
Durchgehend vierfarbig
illustriert
Verlag am Eschbach
ISBN 978-3-86917-560-7

Sie sind stark. Sie sind mutig und sie haben das Herz auf dem rechten Fleck. Die Frauen in diesen Texten bekennen Farbe und entdecken sich dabei neu. Denn kluge Frauen leben einfach bunter. Ein Buch zum Aufblühen und Aufleben.